L.V. Rutgers

Onderaards Rome

Een speurtocht naar de wortels van het Christendom
in de catacomben van de Eeuwige Stad

PEETERS-DAMON

Fotoverantwoording

Afb. 1, 4, 12, 13, 14, 16, 17, 18, 21, 27, 29, 30, 45, 48, 50 auteur; 2, 5, 11, 32 Wilpert; 3, 9, 19 Marucchi; 6, JTS; 8, 20, 23, 24, 26, 31, 34, 35, 37, 39, 41, 42, 43, 44, 47 PCAS; 10, 15, 49 de Rossi; 22, 25, 40, 46 Reekmans; 28, 33, 38 DAI Rome.

D.2000/0602/22
ISBN 90-429-0817-3 (Peeters Leuven)
ISBN 90-5573-058-0 (Damon Leende)
©2000-Uitgeverij Peeters, Bondgenotenlaan 153, B-3000 Leuven

INHOUDSOPGAVE

Inleiding 5

1. De ontdekking van de vroegchristelijke catacomben 9

2. De archeologie van de vroegchristelijke catacomben 39

3. De kunst van de vroegchristelijke catacomben 76

4. Korte beschrijving en praktische gids
   voor de toegankelijke vroegchristelijke catacomben 107

5. Appendix: I. De joodse catacomben 135

              II. De vroegchristelijke inscripties 140

Verklarende woordenlijst 147

Beknopt literatuuroverzicht 149

Index 151

Inleiding

"Toen ik nog een jongen was en me in Rome aan mijn studie wijdde, was ik in de gewoonte om met een paar gelijkgestemde leeftijdsgenoten op zondag de graven van de apostelen en martelaren op te zoeken en regelmatig in de crypten af te dalen die in de diepte der aarde zijn uitgegraven en die aan beide zijden van diegene die er binnentreedt de graven van gestorvenen herbergen; en terwijl het stikdonker is, lijkt het woord van de profeet bewaarheid te worden: *laten zij levend in het dodenrijk neerdalen* (Psalm 55:16); en bij uitzondering valt er van boven licht naar beneden dat de verschrikking van de duisternis afzwakt, en het lijkt niet zozeer een venster maar eerder een gat te zijn waardoor het licht naar beneden stroomt; en wanneer je voetje voor voetje terugkeert en de duistere nacht je helemaal omgeeft, schiet het volgende vers van Vergilius je te binnen: *de geest wordt schrik aangejaagd door afschuw en stilte* (Aeneis, II, 755)."

In deze suggestieve bewoordingen beschreef de kerkvader Hiëronymus de indrukken die hij in de zestiger jaren van de vierde eeuw n.Chr opdeed toen hij er tijdens zijn studie in Rome een gewoonte van maakte af te dalen in de duistere krochten waarin de vroegchristelijke gemeente van Rome haar doden begroef.

Hedentendage is het nog steeds mogelijk om, in Hiëronymus' voetsporen, de catacomben te bezoeken. Nog altijd oefenen de catacomben een onweerstaanbare aantrekkingskracht uit op diegenen die zich de moeite getroosten in de wirwar van onderaardse gangen en grafkamers af te dalen. Nergens ter wereld wordt men zo direct met de materiële nalatenschap van één van de oudste en belangrijkste vroegchristelijke gemeentes geconfronteerd als in de catacomben van Rome. Eindeloze onderaardse gangen met ontelbare graven, wandschilderingen die in veel gevallen nog niets van hun oorspronkelijke kleurenrijkdom hebben verloren, ontroerende inscripties alsmede overblijfselen van laat-antieke sculpturen – het zijn allemaal vondsten die in de vroegchristelijke catacomben van Rome in overvloed voorhanden zijn.

In het jaar 2000, wanneer miljoenen pelgrims en toeristen naar Rome zullen trekken in het kader van het Heilige Jaar, zullen de catacomben wederom volop in de belangstelling staan. Die belangstelling heeft een lange geschiedenis. Al in de oudheid was een bezoek aan de catacombale graven van martelaren, pausen en andere heiligen een *sine qua non* voor pelgrims en dat is ook altijd zo gebleven. Ook in het jaar 2000 zullen de pelgrims dit aloude gebruik blijven voortzetten. Voor "niet-pelgrims" is een bezoek aan de catacomben overigens eveneens nog steeds de moeite waard. Er bestaat namelijk geen betere plaats om zich zo snel en op een zo indringende wijze te verplaatsen in een wereld en een tijd waarin het antieke Rome een metamorfose onderging die het karakter van de stad blijvend zou veranderen. Of men de catacomben nu om religieuze redenen of uit curiositeit bezoekt, niemand zal zich kunnen onttrekken aan de fascinatie die deze immense onderaardse begraafplaatsen op de bezoeker uitoefenen.

Helaas is de nederlandstalige pelgrim of toerist die meer wil weten over de huidige stand van zaken in het wetenschappelijke onderzoek naar de vroegchristelijke catacomben van Rome tot nu toe altijd aangewezen geweest op reisgidsen die doorgaans niet alleen zeer beknopt zijn, maar die vaak ook standpunten weergeven die door recent archeologisch onderzoek zijn achterhaald. De publicaties die de nieuwste resultaten van dit onderzoek behandelen, hebben op hun beurt echter weer het nadeel dat ze vaak al te gedetailleerd en specialistisch van aard zijn en zodoende het uithoudings-vermogen van de niet-specialistische lezer onnodig op de proef stellen. Op dit moment is er dus sprake van een lacune wat betreft nederlandstalige publicaties die op een toeganke-lijke doch wetenschappelijk betrouwbare wijze informatie over de vroegchristelijke catacomben van Rome bieden. Dit boek is bedoeld om die lacune op te vullen.

Dit boek kan gelezen worden ter voorbereiding van een bezoek aan de catacomben van Rome, als praktische gids tijdens een bezoek aan de Eeuwige Stad, of als naslagwerkje. Zowel de geïnteresseerde leek, alsmede aankomende studen-ten in de kerkgeschiedenis, archeologie en kunstgeschiedenis kunnen van dit boekwerkje gebruik maken om met de grond-beginselen van de vroegchristelijke archeologie vertrouwd te raken. Ook diegenen die in het jaar 2000 geen bezoek aan de Eeuwige Stad zullen brengen, kunnen in dit boek kortom veel wetenswaardigs over de vroegste christelijke kunst en over de nog altijd mysterieuze catacomben vinden.

Van de meer dan zestig catacomben die in de loop der tijd in de omgeving van Rome zijn ontdekt, is slechts een beperkt aantal vrijelijk toegankelijk. Aangezien het weinig zin heeft in te gaan op vondsten die door de gemiddelde pelgrim of toerist toch niet kunnen worden bewonderd omdat deze zich in niet-toegankelijke delen van catacomben bevinden, is bij het schrijven van dit boek getracht om nieuwe wetenschappelijke inzichten zoveel mogelijk te illus-treren aan de hand van archeologisch vondstmateriaal dat ook daadwerkelijk door iedereen in ogenschouw kan worden genomen. Bij de presentatie van genoemde wetenschap-pelijke inzichten heeft de auteur zich vooral laten leiden door de ervaringen die hij gedurende de afgelopen vijftien jaar opdeed tijdens zijn archeologisch onderzoek naar en in de catacomben van Rome.

Teneinde het materiaal zo overzichtelijk mogelijk te presenteren is voor de volgende indeling gekozen. In hoofdstuk I wordt ingegaan op de geschiedenis van het onderzoek naar de catacomben van Rome. Doel van dit hoofdstuk is na te gaan door welke drijfveren de belangrijkste catacomben-geleerden zich bij hun onderzoek hebben laten leiden. In hoofdstuk II komt de archeologie van de catacomben uitgebreid aan bod. Daarbij zal niet alleen worden ingegaan op de archeologische ontwikkelingsgeschiedenis van de catacomben, maar ook op een aantal methodische problemen waarmee archeologen in hun onderzoek in de catacomben worden geconfronteerd. In hoofdtstuk III wordt ingegaan op de ontstaansgeschiedenis van de vroegchristelijke kunst zoals deze zich op basis van de vondsten in de vroegchristelijke catacomben van Rome laat reconstrueren. Hoofdstuk IV is vooral als praktische gids bedoeld: het bevat een korte omschrijving van die catacomben die vrijelijk toegankelijk zijn. In een appendix komen vervolgens nog twee deelonderwerpen aan de orde, namelijk de joodse catacomben van Rome en de inscripties die in zowel de vroegchristelijke als de joodse catacomben zijn teruggevonden. Een beknopt overzicht met verwijzingen naar meer gespecialiseerde literatuur en een verklarende woordenlijst besluiten het boek.

HOOFDSTUK 1

De ontdekking van
de vroegchristelijke catacomben

Inleiding

De oudste vroegchristelijke kunst ligt verborgen in de catacomben van Rome. Deze catacomben zijn onderaardse
begraafplaatsen die zowel door de vroegchristelijke als de
joodse gemeente in Rome werden gebruikt om hun doden te
begraven. De lange ondergrondse gangen van de catacomben ontstonden in de loop van de tweede eeuw n.Chr. en
werden tot in de vroege vijfde eeuw n.Chr. ononderbroken
voor begrafenissen gebruikt (afb. 1). Daarna raakten de catacomben in toenemende mate in de vergetelheid. In de
vroege Middeleeuwen werden de catacomben vooral door
pelgrims die uit alle delen van West-Europa afkomstig waren,
bezocht. Dergelijke pelgrims waren op zoek naar de stoffelijke resten van diegenen die tijdens de christenvervolgingen
van de eerste drie eeuwen voor het christelijk geloof gestorven waren. Naarmate de eeuwen verstreken, raakten echter
ook deze pelgrims steeds minder geïnteresseerd in de catacomben. Dit was voornamelijk een gevolg van de nieuwe
gewoonte de overblijfselen van heiligen en martelaren uit
de graven in de catacomben te halen om deze resten in kerken in Rome, of in kerkgebouwen en kapellen elders in
Europa, opnieuw te begraven. Zo verdween de noodzaak
om deze duistere en weinig uitnodigende ondergrondse
begraafplaatsen op te zoeken. In de negende eeuw n.Chr.
wist bijna niemand meer wat catacomben waren of hoe deze
eruit zagen.

Afb. 1. Gang in de
catacomben met aan beide
zijden langwerpige
wandgraven (*loculi*).

Tijdens de Renaissance nam de middeleeuwse desinteresse voor de catacomben verder toe. In het Italië van deze tijd waren geleerden vooral geïnteresseerd in de klassieke Griekse en Romeinse auteurs, en in de materiële resten die de klassieke beschaving had nagelaten. De Late Oudheid, dat wil zeggen de periode vanaf de derde eeuw n.Chr., werd door de intellectuelen van de Renaissance daarentegen algemeen als periode van decadentie en verval gezien – een periode dus waarmee geen enkele zichzelf respecterende humanist zich diende bezig te houden. Genoemde desinteresse voor de Late Oudheid bleef tot ver in de zestiende eeuw voortbestaan. Toen Europa echter in de greep van de Reformatie en de Contrareformatie geraakte, trad er eindelijk een verandering op wat betreft de onderzoeksinteresses van historici en theologen.

Met het aanslaan van zijn 95 stellingen luidde Luther in 1517 een tijdperk in waarin de rooms-katholieke kerk in het defensief werd gedrongen. Er volgde een periode waarin protestantste geleerden de kerk van Rome op allerlei wijzen begonnen te bekritiseren. Zo zette men zich aan het schrijven van omvangrijke historische studies. In dergelijke studies probeerden protestantste geleerden op basis van een analyse van geschiedkundige teksten aan te tonen dat de rooms-katholieke kerk er ten onrechte prat op ging de enige ware vertegenwoordiger van het christelijke geloof te zijn. In de optiek van deze protestantse geschiedschrijvers had de rooms-katholieke kerk zich in de loop der tijd juist aan talloze aberraties schuldig gemaakt, waaronder het vereren van relieken en afbeeldingen van heiligen. In noordwest Europa wonnen dergelijke ideeën snel aan populariteit. In Vlaanderen en in de Noordelijke en Zuidelijke Nederlanden leidden ze in 1566 tot de beeldenstorm.

Het rooms-katholieke kamp reageerde op deze historiografisch georiënteerde kritiek door in de tegenaanval te gaan.

Het was vooral Cesare Baronio (1538-1607) die er in slaagde voornoemde protestante critici met gelijke munt terug te betalen. In de periode van 1588 tot 1607 schreef hij in het Latijn een *Kerkelijke Geschiedenis van de Geboorte van Christus tot het Jaar 1198* (*Annales Ecclesiastici*) – een studie die uiteindelijk niet minder dan twaalf lijvige delen zou omvatten. Dat Baronio zich zo vol vertrouwen aan dit levenswerk zette, was mede het gevolg van een ontdekking die in 1578 gedaan was in de Vigna (wijngaard) Sanchez, een grondstuk dat gelegen was in het noordelijk deel van de Eeuwige Stad. Bij werkzaamheden had men daar bij toeval een catacombe ontdekt. Die ontdekking leidde tot veel opschudding, niet alleen in Rome, maar ook elders in Europa. Door deze ontdekking werd de vroegchristelijke gemeenschap van Rome in de vorm van belangwekkend archeologisch vondstmateriaal voor het eerst in lange tijd tastbaar.

De ontdekking van deze catacombe – er zouden weldra nieuwe ontdekkingen volgen – was koren op de molen van diegenen die zich inzetten voor de rooms-katholieke zaak. Immers, waar anders dan in de catacomben kon men sporen vinden van hoe de christelijke geloofsbeleving er in zijn meest oorspronkelijke vorm had uitgezien? Dankzij de herontdekking van de vroegchristelijke catacomben kreeg de rooms-katholieke kerk dan ook als donderslag bij heldere hemel tastbare bewijsstukken in handen die leken te suggereren dat de verering van martelaren en andere vroegchristelijke heiligen wel degelijk een integraal onderdeel had uitgemaakt van de geloofsbeleving van de oudste christelijke gemeentes, om nog maar te zwijgen over de betekenis van de vele vroegchristelijke wandschilderingen die in de catacomben bewaard waren gebleven. Dankzij dit soort schilderingen kon nu op schijnbaar onweerlegbare wijze aannemelijk worden gemaakt hoe ver de Noord-Europese beeldenstormers van de waarheid waren afgedwaald (afb. 2). Zoals een rooms-katholieke geleerde het in de vroege zeventiende eeuw uitdrukte, was het rooms-katholieke kamp door de onverwachte herontdekking van de vroegchristelijke catacomben van Rome in het bezit geraakt van "arsenalen waarin de wapens te vinden waren om de afvalligen te bestrijden, waaronder in het bijzonder de beeldenstormers met al hun bedenkingen jegens de Heilige Kunst waarmee de begraafplaatsen uitpuilen."

Door de interpretaties waartoe de ontdekking van de catacombe in de Vigna Sanchez aanleiding gaf, werd in het Rome van de Contrareformatie een toon gezet die eeuwenlang bepalend zou blijven bij het onderzoek naar vroegchristelijke oudheden. In tegenstelling tot de geleerden uit de Renaissance wier interesse voor klassieke oudheden voornamelijk voortkwam uit de behoefte meer over de antieke wereld te weten te komen, waren de geleerden van de Contrareformatie vooral in vroegchristelijke oudheden geïnteresseerd vanuit theologisch en kerkhistorisch perspectief. Zoals uit onderstaande discussie nog nader zal blijken, werd het materiaal uit de catacomben in eerste instantie ten tonele gevoerd om meningsverschillen te beslechten die maar weinig met archeologie en veel met theologie van doen hadden.

Antonio Bosio (1575-1629)

De ontdekking van een catacombe in de Vigna Sanchez in 1578 leidde, zoals we reeds zagen, niet alleen tot veel opschudding, maar had ook tot gevolg dat geleerden zich voor het eerst sinds eeuwen weer voor deze onderaardse begraafplaatsen gingen interesseren. Om goed onderzoek te kunnen doen in de schier eindeloze gangen van de vaak moeilijk toegankelijke catacomben diende men echter over de nodige middelen te beschikken. Hoewel steeds meer geleerden zich in de jaren na 1578 met catacomben gingen

Afb. 2. Tekening uit de tijd van de Contrareformatie. De tekenaar van deze wandschilderingen liet zich beïnvloeden door de idealen van de Contrareformatie en paste de weergave van Madonna met kind, beide met stralenkrans, en de martelaarsscène aan de artistieke normen van zijn eigen tijd aan.

bezighouden, was er slechts één iemand die de catacomben volledig en op wetenschappelijke wijze in kaart zou brengen. Diegene was Antonio Bosio (1575-1629).

Antonio Bosio werd geboren op het eiland Malta, maar kwam al op jonge leeftijd naar Rome. Na zijn rechtenstudie te hebben afgerond, werd hij advocaat. Het recht was echter niet Bosio's ware passie. In 1593 namen een paar vrienden Bosio mee op een excursie die van grote invloed zou zijn op zijn verdere leven. Doel van de excursie was een bezoek aan een van de grootste catacomben die Rome rijk is: de Domitilla-catacombe – een catacombe die ten zuiden van de stad ligt en ook tegenwoordig nog toegankelijk is (afb. 3). Zoals blijkt uit een verslag dat Bosio later naar aanleiding van dit uitstapje schreef, maakte de excursie diepe indruk op hem. De uitgestrektheid van deze onderaardse dodenstad was zo enorm dat, in de woorden van Bosio, "er geen einde aan deze grotten leek te komen…vanuit centrale grotten liepen gangen in alle windrichtingen – gangen die zich op hun beurt weer in duizenden vertakkingen opsplitsten." Bosio's nieuwsgierigheid en de wens "een complete christelijke inscriptie" te vinden werden hem en zijn vrienden echter bijna noodlottig. Toen ze eenmaal diep in de catacombe waren doorgedrongen, ontdekten ze tot hun grote schrik dat hun kaarsen waren opgebrand. Aangezien het bijna ondoenlijk is om zonder licht de uitgang van een catacombe terug te vinden, was Bosio's vrees in de catacombe te zullen sterven en "dit heilige monument met onze onreine lijken te zullen bevlekken," zeker niet ongegrond. Te laat realiseerde Bosio zich dat "het immers de eerste keer was dat we in deze enorme en ongeëxploreerde begraafplaatsen binnentraden, en dat we, onervaren als we waren, zonder de noodzakelijke uitrusting gekomen waren die je voor een dergelijke peregrinatie bij je moet hebben." Lang nadat ook buiten de duisternis was gevallen, vonden Bosio en

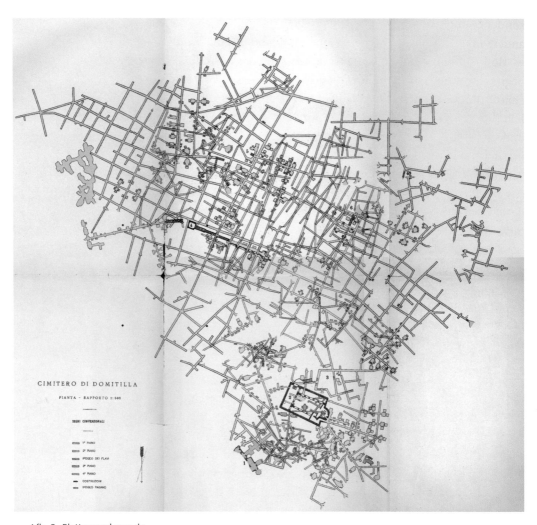

Afb. 3. Plattegrond van de Domitilla-catacombe met, in kleur, een indicatie van de verschillende niveaus of verdiepingen.

zijn vrienden tenslotte toch de ingang terug. Het gebeurde maakte diepe indruk. Nooit meer zou Bosio een catacombe zonder "een grote hoeveelheid kaarsen," touwen, houwelen en andere benodigdheden betreden.

Bosio's bezoek aan de Domitilla-catacombe vormde het begin van een nieuwe periode in zijn leven – een periode die geheel in het licht zou staan van onderzoek naar de catacomben van het laatantieke en vroegchristelijke Rome. Bosio onderscheidde zich daarbij van zijn tijdgenoten door de systematische manier waarop hij de catacomben in de omgeving van Rome in kaart begon te brengen. Aangezien bijna alle catacomben te vinden waren langs de grote uitvalswegen van de stad, besloot Bosio de catacomben per uitvalsweg te inventariseren (afb. 4). Nog in 1593, hetzelfde jaar waarin hij bijna om het leven was gekomen bij zijn bezoek aan de Domitilla-catacombe, begon Bosio met een studie van alle onderaardse begraafplaatsen die langs de Via Tiburtina (de weg naar Tivoli) gelegen waren. In het jaar daarop volgden de catacomben langs de Via Appia, de Via Labicana, de Via Nomentana, de beide Via's Salaria en de Via Flaminia.

Afb. 4. Via Appia Antica, de oudste uitvalsweg van Rome. Links en rechts pagane grafmonumenten. Onder deze grafmonumenten ontstonden later de Callisto- en Sebastiano-catacomben.

In 1595 was de Via Ostiense aan de beurt, gevolgd, in 1596, door de Via Latina en, in 1600, de Via Portuense. Daarmee was Bosio's inventarisatie-project compleet. In de daaropvolgende jaren keerde Bosio nog verschillende keren naar de catacomben terug, en bezocht hij vooral ook catacomben die in de tussentijd ontdekt waren. Eén zo'n catacombe, die in 1602 bij werkzaamheden toevallig aan het licht kwam, was de beroemde joodse Monteverde-catacombe die ten zuiden van het huidige Trastevere lag en die aan het begin van de twintigste eeuw ten gevolge van instorting definitief verloren is gegaan.

In dezelfde periode dat Bosio bezig was met het in kaart brengen van de catacomben, begon hij ook met een inventarisatie van alle antiek-literaire bronnen waarin over de vroegchristelijke gemeente van Rome, de vroegchristelijke martelaren en de begrafenisgewoontes van genoemde christelijke gemeente gesproken werd. Dat dit geen geringe taak was, moge blijken uit het feit dat de bewaard gebleven uittreksels die Bosio naar aanleiding van deze jarenlange literatuurstudie maakte, niet minder dan vier kloeke delen omvatten (afb. 5).

Van de vele literaire bronnen die Bosio tijdens zijn studie in de bibliotheken en archieven van Rome onder ogen kreeg, werd zijn aandacht in het bijzonder getrokken door de *itineraria*. Dit waren Latijnstalige reisgidsen die in de vroege Middeleeuwen ontstonden en die dienden om pelgrims op beknopte wijze een overzicht te bieden van alle bezienswaardigheden die zij in en rond Rome konden verwachten. Alhoewel de *itineraria* bepaald geen literaire hoogstandjes waren, bevatten ze vaak informatie die in geen enkele andere bron te vinden was. Kenmerkend voor de stijl van deze *itineraria* is de volgende passage die stamt uit een zevende eeuwse reisgids getiteld *Over de plaatsen van de heilige martelaren die buiten de stad Rome liggen*: "Langs de via Labicana ligt de kerk van de

heilige Helena waar tevens haar lichaam ligt; daar slapen ook nog deze heiligen: Petrus, Marcellinus, Tiburtius, de dertig heilige soldaten, Gorgonius, Genuinus, Maximus, de vier Coronati (gekroonden), te weten Claudius, Nicostratus, Simpronianus, Castorius, Simplicius; daar en in de crypten onder de grond ligt verder een ontelbare hoeveelheid martelaren begraven."[1]

Het is evident dat dergelijke passages Bosio de broodnodige houvast boden, niet alleen voor het lokaliseren van catacomben waarvan de ligging in de loop der tijd in vergetelheid was geraakt, maar ook bij het beantwoorden van de

Afb. 5. Bladzijde uit Bosio's aantekeningenboek met daarop schetsen van "Madonna met kind," "Goede Herder" en biddende personen (oranten) zoals Bosio die in de Priscilla-catacombe aantrof.

---

[1]   Helena was de moeder van Constantijn, de keizer die in de vroege vierde eeuw n.Chr. ervoor zorgde dat het Christendom dezelfde rechten kreeg als andere (niet-christelijke) godsdiensten. Constantijn richtte langs de via Labicana (tegenwoordig via Casilina) een mausoleum voor zijn moeder op. De catacombe onder dit mausoleum staat bekend onder de naam "Ad duas lauros" of ook wel SS. Marcellino e Pietro-catacombe.

vraag welke heiligen in welke catacomben begraven lagen. Het was met name deze laatste vraag die, zoals we al zagen, in het Rome van de Contrareformatie de gemoederen danig bezighield. Bosio's onderzoek werd dan ook op de voet gevolgd door verscheidene kerkelijke hoogwaardigheidsbekleders, onder wie Cesare Baronio, de rooms-katholieke historicus die we al eerder hebben leren kennen. Deze laatste vergezelde Bosio soms op diens onderaardse speurtochten, bijvoorbeeld toen Bosio in de Marcellino en Pietro-catacombe aan de Via Labicana-Casilina aan het werk was. Voor Baronio was het een uitermate boeiend bezoek geweest, een bezoek dat, zo zou Bosio later opmerken, de kardinaal tot "de allergrootste tevredenheid" had gestemd.

Overigens beperkten Baronio's interesses zich niet uitsluitend tot het deelnemen aan interessante en religieus-stichtelijke excursies. Hem was het vooral te doen om de harde bewijslast die het onderzoek in de catacomben kon opleveren. Vandaar Baronio's fascinatie met de vele monumentale inscripties die in vierde eeuw n.Chr. door de toenmalige paus Damasus in de catacomben waren aangebracht en die bedoeld waren om de graven van beroemde martelaren te markeren, alsmede hun daden door middel van metrische grafdichten voor het nageslacht te bewaren. Dit was het materiaal waarvan Baronio dankbaar gebruik maakte, onder andere om het *Martyrologium Romanum* te reviseren, een liturgisch boekwerk in kalendervorm met korte levensbeschrijvingen van de martelaren dat in 1598 door Baronio in hoogsteigen persoon aan paus Sixtus V werd aangeboden.

Bosio publiceerde de resultaten van zijn onderzoek uiteindelijk in een lijvig boekwerk dat tot ver in de negentiende eeuw als hét standaardwerk gold voor het wetenschappelijke onderzoek naar de vroegchristelijke catacomben van Rome. Deze in het Italiaans geschreven studie verscheen postuum in

1634 en droeg de titel *Roma sotterranea* (*Onderaards Rome*) (afb. 6). In de rest van Europa drong Bosio's onderzoek evenwel pas goed door nadat het in 1651 in het Latijn vertaald was. Deze Latijnse versie werd snel populair. In korte tijd

Afb. 6. Titelpagina van de Latijnse vertaling van Bosio's monumentale *Roma sotterranea*. De gravures roepen het beeld op van een onder vervolging lijdende en in het geheim bijeenkomende vroegchristelijke gemeenschap.

verschenen er verschillende herdrukken, niet alleen in Keulen en Parijs, maar ook in Nederland, waar in 1668 het gehele werk en in 1671 een pocketeditie op de markt kwam.

In zijn *Roma sotterranea* doet Bosio op de voor hem karakteristieke wijze verslag van zijn onderzoek. In deel I geeft hij een overzicht van het martelaarswezen en van vroegchristelijke begrafenisgewoontes zoals deze zich op basis van de antiekliteraire bronnen laten reconstrueren, in de delen II en III gaat Bosio op systematische wijze in op zijn onderzoek naar en in de catacomben rondom Rome waarbij hij vasthoudt aan de onderverdeling per uitvalsweg. In deel IV wordt de kunst die in de catacomben aanwezig was, aan een nader onderzoek onderworpen. Dit 656 pagina's tellende boekwerk is bijzonder waardevol vanwege de vele vele illustraties die erin zijn opgenomen. Vanaf het begin van zijn onderaardse exploraties had Bosio, die overigens zelf geen onverdienstelijk tekenaar was, zich altijd laten vergezellen door iemand die gravures maakte van inscripties en wandschilderingen. Hiervoor zijn geleerden hem ook heden ten dage nog dankbaar. Een aantal van de schilderingen die Bosio ontdekte zijn namelijk in de loop der tijd verloren gegaan. Zodoende vormen de illustraties die Bosio van de schilderingen in kwestie liet maken tegenwoordig dan ook vaak de enige documentatie waarover we nog beschikken. Bosio was verder ook de eerste die systematisch plattegronden van de catacomben liet maken. Ook daarmee heeft hij het wetenschappelijke onderzoek naar de onderaardse begraafplaatsen van het oude Rome een grote dienst bewezen.

Bosio staat tegenwoordig bekend als "Columbus van de catacomben." Ook geldt hij, eveneens terecht, als vader van de vroegchristelijke archeologie. Juist omdat Bosio de eerste serieuze onderzoeker van de catacomben was en juist omdat er gedurende meer dan twee eeuwen na de dood van Bosio niemand was die zijn wetenschappelijke werk kon evenaren, is het gemakkelijk over het hoofd te zien dat ook Bosio een kind van zijn tijd was. Net als andere geleerden uit zijn omgeving onderging ook hij de invloed van de religieus-geladen sfeer die kenmerkend was voor het Rome van de Contrareformatie. In concreto betekende dit dat ook voor Bosio de catacomben plaatsen waren waarin de bewijslast te vinden was waarmee de anciënniteit van een groot aantal specifiek rooms-katholieke gebruiken gedocumenteerd kon worden. Door systematisch een beeld op te roepen van een kerk die tegen alle verdrukking in groeide, van martelaren die vervolgingen vol vertrouwen het hoofd boden, en van een alom tegenwoordigzijnde goddelijke providentie, legde Bosio verder ook de basis voor wat één van de meest verbreide mythen uit de geschiedenis van de catacomben-archeologie zou worden: het idee dat de catacomben tijdens de christenvervolgingen van de eerste drie eeuwen de christenen van Rome tot toevluchtsoord en veilige haven hadden gediend.

Vanwege het uitgesproken karakter van zijn denkbeelden, is nauwelijks verwonderlijk dat Bosio's visie op het vroegchristelijke begrafeniswezen weldra tot felle kritiek van protestantse zijde leidde. Deze kritiek werd aangewakkerd door het feit dat de Latijnse vertaling waarin geleerden de *Roma sotterranea* van Bosio doorgaans leerden kennen, niet zomaar een vertaling was, maar een nogal vrijzinnige weergave waarin de vertaler veel plaats inruimde voor zijn eigen, extremistische, visie op de catacomben en op de oudheden die daaruit stamden.

Jacques Basnage (1653-1723)

Een van de meest boeiende kritieken op het werk van de "Romeinse school" verscheen in Nederland in de vorm van een boekwerk waarin de auteur zich overigens zijdelings met de catacomben bezighield. In 1706 publiceerde een uit Frankrijk gevluchte Hugenoot, Jacques Basnage (1653-1723), in Rotterdam een studie naar de geschiedenis van de joden die in tweede instantie de titel *Histoire des juifs depuis Jésus-Christ jusqu'à présent* zou gaan dragen.

Vanwege de verborgen agenda van de auteur is de *Histoire* van Basnage een nogal eigenaardig werk geworden. Basnage grijpt zijn beschrijving van de joodse geschiedenis, en met name van de vele vervolgingen waaronder de joden in de loop der tijd hebben geleden, aan om de rooms-katholieke kerk aan te wijzen als exclusieve aanstichter van het joodse leed. In zijn verwoede pogingen het protestantisme als het enige ware geloof aan te wijzen, laat hij het jodendom als religie overigens geenszins ongemoeid. In het werk van Basnage komt de interesse voor de joodse geschiedenis namelijk vooral voort uit de wens om de vervolgingen van de joden als metafoor voor de benarde positie van Basnage's medestanders, de hugenoten, voor te stellen (afb. 7).

Afb. 7. Gravure van Giovanni del Pian met daarop een joodse begrafenis uit de tijd dat Basnage de lotgevallen van het joodse volk aan een historische analyse onderwierp.

In de loop van een uitvoerig betoog waarin Basnage in het kader van zijn geschiedenis der joden ingaat op de Romeinse catacomben en de vondsten die zij bevatten, moesten bijna alle heilige huisjes van de (rooms-katholieke) catacomben-archeologie het ontgelden. Basnage verwierp bijvoorbeeld het idee dat de catacomben een christelijke vinding waren op basis van de overweging dat de vroegchristelijke gemeente nergens in het uitgestrekte Romeinse Rijk groot genoeg geweest kon zijn om de constructie van uitgestrekte onder-aardse begraafplaatsen voor het begin van de vierde eeuw n.Chr. te rechtvaardigen. Omdat er in de catacomben archeo-logisch materiaal gevonden was dat iconografisch gezien niet als christelijk beschouwd kan worden, geloofde Basnage ver-der dat de catacomben in origine een pagane vinding waren die pas later door christenen werd overgenomen. Op basis van gedateerde inscripties meende Basnage bovendien dat cata-comben niet voor de vierde eeuw n.Chr. op grote schaal voor begrafenissen werden gebruikt – dit in tegenstelling tot rooms-katholieke geleerden die beweerden dat de catacomben al ten tijde van de apostel Paulus (midden van de eerste eeuw n.Chr.) in gebruik waren. Het idee dat de catacomben had-den gediend als schuilplaatsen werd door Basnage eveneens van de hand gewezen op basis van de overweging dat de lig-ging van deze catacomben langs grote openbare wegen geheimhouding per definitie onmogelijk gemaakt zou heb-ben. Tot slot trok Basnage ook een aantal aspecten van de martelaren-ideologie zoals deze in rooms-katholiek-archeolo-gische kring opgeld deed, in twijfel. Zo was Basnage wel bereid om toe te geven dat er in de catacomben ooit wel eens een martelaar begraven moest zijn, maar hij twijfelde eraan of de overblijfselen van dergelijke martelaren met behulp van de gangbare archeologische methoden te herkennen waren. "Als het inderdaad waar is," zo vroeg Basnage zich af, "dat men de resten van die martelaren daadwerkelijk kan identificeren, hoe dan kan men bepalen dat het daarbij gaat om de resten van orthodoxe martelaren in plaats van de stoffelijke resten van heterodoxe martelaren, zoals Donatisten of Arianen?"[2]

Vergeleken met hetgeen we tegenwoordig weten over de catacomben als gevolg van recent wetenschappelijk onderzoek, valt op dat Basnage bij een aantal van zijn overwegingen de spijker precies op de kop sloeg. Zoals we in de volgende hoofdstukken van dit boek zullen zien, zijn de vroegchristelijke catacomben van Rome in hun huidige vorm inderdaad niet voor de derde eeuw n.Chr. ontstaan. De suggestie dat de catacomben primair als vluchtplaatsen dienden, is een idee dat inmiddels eveneens heeft afgedaan. En met zijn opmerkingen over de moeilijke identificeerbaarheid van martelarengraven hoopte Basnage de onzinnigheid van een discussie aan te tonen die pas in de vroege twintigste eeuw definitief beslecht zou worden. Die discussie richtte zich vooral op de vraag of een aantal ampullen die in de catacomben gevonden waren en die in een ver verleden een roodachtige substantie hadden bevat, konden worden opgevat als vaasjes waarin martelarenbloed was opgevangen en zodoende als indicatie voor de aanwezigheid van een martelarengraf. Meer recentelijk is met behulp van chemisch onderzoek aangetoond dat het hier niet bloedsporen maar resten van een rode kleurstof betreft.

---

2 Zowel het Donatisme als het Arianisme waren heterdoxe c.q. schismatische stromingen binnen het vroege Christendom. Beide bewegingen kwamen met de kerk van Rome in aanvaring, het Donatisme omdat de vertegenwoordigers van deze stroming de vergevingsgezindheid en weldra ook de legitimiteit van de rooms-katholieke kerk na de grote christenvervolgingen in Noord-Afrika in twijfel trokken en de aanhangers van het Arianisme omdat zij de goddelijkheid van Jezus niet erkenden.

Hoewel daarmee duidelijk wordt dat Basnage in een aanzienlijk aantal gevallen op het juiste spoor zat, betekende dit niet dat zijn kritische opmerkingen in rooms-katholieke kring leidden tot een revisie van de in die kring bestaande denkbeelden aangaande het ontstaan van de eerste christelijke gemeenschappen in het oude Rome. Een van de factoren die daarbij een rol speelde was het feit dat Basnage zijn conclusies trok op basis van logica en niet op basis van eigen onderzoek c.q. archeologisch veldwerk in de vroegchristelijke catacomben van Rome. Al het archeologisch vondstmateriaal dat Basnage bij zijn kritische overpeinzingen gebruikte, kwam immers regelrecht uit de Latijnse versie van Bosio's *Roma sotterranea*. Juist daarom kon de nogal eigenaardige situatie ontstaan dat Bosio zelf al het materiaal aanleverde waarmee Basnage vervolgens de subjectieve, specifiek contrareformistische trekjes in Bosio's wetenschappelijke werk zo genadeloos kon blootleggen.

Hoewel Basnage's overdenkingen niet direct tot een nieuwe golf van onderzoek in de catacomben leidden, begon het in de loop van de achttiende eeuw wel duidelijk te worden dat met Bosio's monumentale *Roma sotterranea* niet het laatste woord gezegd was over het ontstaan, de datering en de functie van de vroegchristelijke catacomben te Rome. Ook werd duidelijk dat hernieuwd archeologisch onderzoek in de catacomben noodzakelijk was om de punten van kritiek zoals die door Basnage en ook door andere geleerden naar voren waren gebracht, op hun juistheid te kunnen toetsen. Een hervatting van archeologisch onderzoek naar en in de catacomben van Rome liet voorlopig evenwel op zich wachten. Pas in de loop van de negentiende eeuw kwam dergelijk onderzoek weer opnieuw op gang dankzij het feit dat iemand van het formaat van Bosio zich met de catacomben ging bezighouden. Diegene was Giovanni Battista de Rossi.

Giovanni Battista de Rossi (1822-1894)

Net zoals Bosio beschouwd wordt als de vader van de christelijke archeologie, zo geldt Giovanni Battista de Rossi als de
grondlegger van de modern-wetenschappelijke christelijke
archeologie. Om de formulering van een tijdgenoot te citeren:
"Voor de Rossi was de christelijke archeologie niets anders
dan een tijdverdrijf voor amateurs; sinds de Rossi is het een
wetenschap."

Een korte vergelijking van het leven en de wetenschappelijke carrière van de Rossi met dat van Bosio maakt duidelijk
dat beide geleerden veel met elkaar gemeen hadden. Net als
Bosio studeerde ook de Rossi aanvankelijk rechten in Rome,
en net als zijn illustere voorganger toonde de Rossi na het vol-
tooien van zijn studie weinig interesse voor de wereld van de
advocatuur. In plaats daarvan besloot de Rossi zich zo volledig
mogelijk te wijden aan het onderzoeken van de christelijke
oudheden die in en om Rome zo rijkelijk voorhanden waren.
Reeds vanaf het moment dat de Rossi op elfjarige leeftijd
Bosio's *Roma sotteranea* voor zijn verjaardag van zijn vader
cadeau had gekregen, had hij ervan gedroomd in de voetsporen van de grote Bosio te treden. De Rossi was daarvoor
trouwens de uitgelezen persoon, want hij beschikte over
precies dezelfde ontembare werklust als Bosio. Maar beide
mannen hadden meer gemeen. Allebei probeerden zij de
vraagstukken waarmee zij werden geconfronteerd in hun
onderzoek naar de catacomben, op een zo systematisch mogelijke wijze te benaderen. Archeologisch veldwerk was voor
beiden een *sine qua non*. Zowel Bosio als de Rossi spendeer-
den een behoorlijk deel van hun tijd ondergronds, waar
ze ingewikkelde catacombale gangsystemen onderzochten
en delen van catacomben opgroeven. Tot slot deelde
de Rossi met Bosio zijn gemeenschappelijke interesse voor
literaire bronnen in het algemeen en voor de *itineraria* in

het bijzonder, hetgeen niet verwonderlijk is gezien het belang dat deze *itineraria* voor historisch onderzoek naar de catacomben hebben. Dat de Rossi de studie van deze *itineraria* uiterst serieus nam, blijkt uit het feit dat hij tijdens zijn lange en produktieve wetenschappelijk carrière de kloosterbibliotheken en universiteitssteden van Europa afreisde om de *itineraria* in manuscriptvorm te bestuderen. Op die manier legde hij de basis voor de moderne wetenschappelijke uitgave van deze *itineraria*.

Net als voor Bosio speelde ook voor de Rossi het zoeken naar de graven van martelaren een belangrijke rol. Het subtiele verschil tussen de wijze waarop beide geleerden met informatie betreffende martelarengraven omsprongen, was gelegen in het doel dat beide studiosi zich daarbij stelden. Was het Bosio bij zijn studie van de martelaren nog hoofdzakelijk te doen geweest een direct verband te leggen tussen "de kerk van nu" en "de kerk van toen," zo werd de Rossi's speurtocht naar de tastbare overblijfselen van de martelaren primair ingegeven door zijn wens om met behulp van dergelijke vondsten beter vat te krijgen op de ontstaans- en ontwikkelingsgeschiedenis van de catacomben zelf. Daarbij liet de Rossi zich leiden door de overweging dat indien men het graf van een martelaar kon identificeren en men vervolgens erin slaagde deze martelaar in de literaire bronnen te traceren, men in principe over een zeer betrouwbaar middel beschikt om tot een goede datering te komen van dat gedeelte van de catacombe waarin de martelaar in kwestie begraven ligt. Aangezien uit de *itineraria* bleek dat de graven van martelaren door grote hoeveelheden pelgrims waren opgezocht, ging de Rossi er verder vanuit dat graven van historisch identificeerbare martelaren het gemakkelijkst te vinden waren in die delen van de catacomben waar in het verleden veel bouwactiviteiten hadden plaatsgevonden.

De Rossi paste de door hem ontwikkelde onderzoeksme-
thode met succes toe bij de bestudering van één van de
grootste en meest indrukwekkende catacomben die Rome
rijk is, de door hemzelf herontdekte Callisto-catacombe.
In deze catacombe die langs de Via Appia gelegen is en ook
tegenwoordig nog bezocht kan worden, deed de Rossi jaren-
lang systematisch onderzoek. Dit leidde tot een serie van
interessante vondsten die in 1854 zijn hoogtepunt bereikte
met de ontdekking van de zogenaamde "crypte der pausen"
(afb. 8). Dankzij een lange inscriptie die hier in de vierde
eeuw door paus Damasus was aangebracht en die door

Afb. 8. De "crypte der
pausen" die door de Rossi
werd ontdekt. Op de
achtergrond zijn de
fragmenten van de inscriptie
zichtbaar die werd opgesteld
door Damasus en die met
veel moeite door de Rossi
werd gereconstrueerd.

de Rossi in niet minder dan 125 brokstukken werd teruggevonden, kon de Rossi aannemelijk maken dat in deze crypte
een aanzienlijk aantal pausen uit de derde eeuw n.Chr.
begraven lag.

Door deze ontdekking en door zijn strikt wetenschappelijke benadering zoals uiteengezet in zijn driedelige hoofdwerk
La Roma sotterranea cristiana (1864-1877) deed de Rossi de
vroegchristelijke archeologie herleven. Dat dit geen geringe
verdienste was, staat buiten kijf. In de negentiende eeuw werd
zelfs in rooms-katholiek-kerkelijke kring het onderzoek naar
christelijke oudheden in de catacomben van Rome met het
nodige wantrouwen en met steeds meer dédain gadegeslagen.
Als we de berichtgeving in het *Giornale di Roma* van 1854
mogen geloven, had Paus Pius IX bij zijn bezoek aan de
zojuist ontdekte "crypte der pausen" zelfs tegen de Rossi
gezegd: "Is het nou allemaal wel waar wat u me vertelt; kan
het hier niet op een of andere manier om een illusie gaan?"
Waarop de Rossi had geantwoord dat het niet om illusies
ging, maar om inscripties. Als de paus de moeite zou nemen,
zo vervolgde de Rossi, deze inscripties samen met hem tot één
geheel samen te voegen, dan zouden de namen van degenen
die de paus waren voorgegaan in zijn pausschap verschijnen.
Aldus geschiedde. Toen de namen waren verschenen van diegenen die de *princeps apostolorum* hadden opgevolgd,[3] was de
paus tot tranen toe geroerd geweest (afb. 9).

Door zijn kritische benadering slaagde de Rossi erin de
christelijke archeologie weer het aanzien te verlenen die deze
tak van wetenschap eens, ten tijde van Bosio, in brede kring

---

[3]   De *princeps apostolorum* (letterlijk: de eerste der apostelen) is een verwijzing
naar Petrus die traditioneel beschouwd wordt als eerste paus en grondlegger
van het pausschap.

Afb. 9. Reliëf dat
het bezoek van
paus Pius IX
aan de Domitilla-catacombe
commemoreert.
Ter rechterzijde van de paus
staat de Rossi die zijn
ontdekkingen toelicht.

had genoten. Sinds de tijd van Bosio was er echter op catacombengebied veel veranderd. Zo wisten Bosio en zijn tijdgenoten bijvoorbeeld van het bestaan van niet meer dan zo'n
dertig catacomben in de directe omgeving van de stad Rome.
In de tijd van de Rossi was dit aantal gestegen tot ongeveer
zestig! Het toegankelijk worden van zo veel nieuwe catacomben, leidde onvermijdelijk tot het bijstellen van een groot
aantal opvattingen die tot dan toe algemeen verbreid waren
geweest. Eén daarvan betrof de datering van de catacomben.
Terwijl geleerden lange tijd hadden gedacht dat de vroegste
christelijke catacomben reeds rond het midden van de eerste
eeuw n.Chr. ontstonden in een tijd dat de apostelen Petrus en
Paulus in Rome actief waren, kon de Rossi nu aannemelijk
maken dat genoemde begraafplaatsen niet ontstaan konden
zijn vóór de tijd van de Flavische keizers of de regering van
keizer Trajanus, dus op zijn vroegst pas in de late eerste of
vroege tweede eeuw n.Chr. Naarmate het onderzoek in de
catacomben verder werd voortgezet, bleek overigens dat ook
deze datering niet houdbaar was, maar de Rossi zou het begin
van deze nog altijd voortdurende controverses op daterings-
gebied niet meer meemaken (afb. 10).

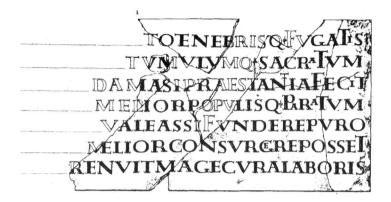

Afb. 10. Fragment van één van de grafinscripties die paus Damasus in de Domitilla-catacombe liet aanbrengen. De inscriptie is als zodanig herkenbaar aan de regelmatig gevormde, klassiek aandoende letters.

Tijdens zijn wetenschappelijke loopbaan had de Rossi zich altijd verre proberen te houden van de theologisch-apologetische stromingen die vanaf de tijd van de Contrareformatie hun stempel had gedrukt op de vroegchristelijke archeologie. "Ik bedrijf archeologie, geen theologie" merkte hij eens met grote stelligheid op. "Ik vertel u wat ik weet, de rest kan me niet schelen" had hij bij een andere gelegenheid op onderkoelde wijze vastgesteld. En toen hem meermaals verweten werd het op een akkoordje te hebben gegooid met de protestanten, wees de Rossi zijn lezers erop dat critici zijn rechtgelovigheid om de eenvoudige reden in twijfel probeerden te trekken dat ze niet in staat waren geweest om op wetenschappelijk gebied op zijn prestaties af te dingen.

Hoewel dit soort gegevens op het eerste gezicht lijken te suggereren dat genoemde theologisch-apologetische stroming in het werk van de Rossi bijna geheel aan betekenis had ingeboet, is een dergelijke conclusie niet gerechtvaardigd. Wanneer men bij de Rossi tussen de regels doorleest, kan men vaststellen dat ook hij nog steeds de gedachte koesterde dat de catacomben niets anders waren dan specifiek "rooms-katholieke begraafplaatsen" waarin een van religieuze smetten gevrijwaarde vroegchristelijke gemeenschap haar laatste rustplaats had gevonden. Ook elders, bijvoorbeeld in een inleiding die hij opstelde ter gelegenheid van een door hem opgericht "Bulletin der christelijke archeologie," gaf de Rossi duidelijk aan hoe hij tegen de vroegchristelijke archeologie aankeek. De Rossi beschouwde deze vorm van archeologie als "denkbaar antidotum tegen de vele, vele dwalingen, en als zodanig ons door de goddelijke voorzienigheid geschonken." Vroegchristelijke archeologie was ook voor de Rossi een tak van wetenschap die die ene zekerheid in zich borg, namelijk "nieuwe overwinningen voor de waarheid en het geloof" te kunnen bewerkstelligen.

Al eerder werd duidelijk hoeveel de Rossi gemeen had met zijn grote voorganger Bosio. De overeenkomstigheid tussen beide geleerden geldt ook voor de invloed die zij met hun wetenschappelijke studies op hun omgeving uitoefenden. Zowel Bosio als de Rossi ontrukte "onderaards Rome" aan de vergetelheid. Beide geleerden deden dit op een in hun tijd onovertroffen wijze. Daarmee bepaalden zij gedurende lange tijd de wijze waarop de catacomben bestudeerd zouden worden. Het meest opvallende kenmerk van hun beider benadering was echter hun theologische insteek. Zowel Bosio's als de Rossi's aandacht voor de archeologie van de catacomben diende uiteindelijk geen archeologisch-historisch, maar een hoger, door het christelijke geloof ingegeven doel. Juist omdat archeologisch veldwerk niet als een op zich staande grootheid werd beschouwd, bleef het archeologisch onderzoek naar en in de catacomben technisch gezien dan ook lange tijd achter bij andere vormen van archeologisch onderzoek. Dat de Rossi's erfenis tot ver in de twintigste eeuw tastbaar bleef, blijkt uit het nu volgende korte overzicht van recente ontwikkelingen op het gebied van de catacomben-archeologie.

Recente ontwikkelingen

De publikatie van de Rossi's *La Roma sotteranea cristiana* luidde het begin in van een geheel nieuwe periode in het onderzoek naar de catacomben van Rome. Omdat de Rossi zich tijdens zijn onderzoekingen noodzakelijkerwijs echter vooral op een beperkt aantal catacombenregio's had geconcentreerd, bleef er in de andere catacomben nog veel werk te doen. Aanvankelijk nam dit werk de vorm aan van catalogiserende studies. Zo werden vanaf 1922 de vele vroegchristelijke inscripties die in de catacomben gevonden waren, uitgegeven in de vorm van een serie boekwerken waarvoor de basis een halve eeuw eerder nog door de Rossi was gelegd en waarvan de publikatie ook heden ten dage nog gewoon doorloopt. Deze boekwerken met als titel *Inscriptiones christianae urbis Romae VII saeculo anteriores* ("Christelijke inscripties uit de stad Rome uit de periode voor de zevende eeuw n.Chr.") vormen een schier onuitputtelijke informatiebron op basis waarvan de denkwereld van een groot segment van de vroegchristelijke gemeenschap in het laat-antieke Rome gereconstrueerd kan worden.

Daarnaast werd in het begin van de twintigste eeuw ook een inventarisatie en wetenschappelijke documentatie doorgevoerd van alle wandschilderingen die in de catacomben bewaard waren gebleven alsmede van de vroegchristelijke sarcofagen die in Rome en omstreken in grote hoeveelheden aan het licht waren gekomen (afb. 11). Gezien de overvloed aan materiaal waartoe geleerden dankzij deze publikaties toegang kregen, is het niet verwonderlijk dat de enorme naslagwerken waarin dit materiaal werd gepresenteerd, gedurende een groot deel van de twintigste eeuw als uitgangspunt hebben gediend voor onderzoek naar de kunst die Rome's vroegchristelijke gemeenschap had voortgebracht.

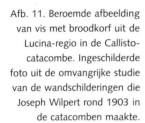

Afb. 11. Beroemde afbeelding van vis met broodkorf uit de Lucina-regio in de Callisto-catacombe. Ingeschilderde foto uit de omvangrijke studie van de wandschilderingen die Joseph Wilpert rond 1903 in de catacomben maakte.

De publikatie van al deze op wetenschappelijke leest geschoeide naslagwerken betekende overigens niet dat de theologisch-apologetische stroming binnen de vroegchristelijke archeologie nu automatisch verdwenen was. Goede voorbeelden voor het voortleven van deze stroming zijn te vinden in een boekwerkje geschreven door Joseph Wilpert, een geleerde die tevens de auteur was van de zojuist vermelde naslagwerken op het gebied van de vroegchristelijke wandschilder- en sarcofaagkunst. Anno 1930 publiceerde Wilpert zijn *Ergebnisse und Erelebnisse im Dienste der christlichen Archäologie. Rückblick auf eine fünfundvierzigjährige wissenschaftliche Tätigkeit.* Daarin moest iedereen het ontgelden wiens orthodoxie door Wilpert in twijfel werd getrokken. Zo verwees Wilpert naar een wetenschappelijke studie die tot voorbeeld zou moeten worden genomen door "al die christelijke geleerden, en in het bijzonder geestelijken, die bij het bestuderen van geestelijke voorwerpen hun piëteit uitschakelen met de bedoeling zich wetenschappelijker te kunnen voordoen." Ook Giacomo Boni, één van de opgravers van het

Forum Romanum, werd onder vuur genomen, nadat Wilpert
– naar zijn zeggen uit betrouwbare bron – een belastend
bericht over hem had vernomen. Na bij zijn opgravingen van
de S. Maria Antiqua, een belangrijke zesde eeuwse kerk op
het Forum, een wandschilderfragment met het hoofd van
Christus ontdekt te hebben, zou Boni het in de hand hebben
genomen, ernaar hebben gekeken om het vervolgens op de
grond te gooien zodat het in duizend stukken uiteenspatte.
Dergelijk gedrag was in Wilpert's ogen overigens nog niets
vergeleken bij de verwerpelijke theorieën van de nog veel
abjectere "Romstürmer," dat wil zeggen van geleerden die op
kunsthistorisch gebied het primaat van de Romeins-vroeg-
christelijke gemeente verwierpen en die de euvele moed
hadden om te suggereren dat de meest oorspronkelijke vorm
van vroegchristelijke kunst niet in Rome maar juist in het
oostelijk-Mediterrane gebied te vinden was.

Omdat geleerden in de eerste decennia van de twintigste
eeuw er niet in slaagden zich geheel van de theologisch-apologetische onderzoekstraditie los te maken, bleven de methoden
die bij het archeologisch veldwerk in de catacomben werden
toegepast onderontwikkeld. Terwijl bij andere vormen van
archeologie, zoals bij het archeologisch onderzoek naar prehis-
torische samenlevingen, allerlei nieuwe onderzoeksmethodes
en technieken populair werden, bleven de archeologen die
opgravingen deden in de catacomben steken in de aloude
onderzoeksmethodes. Een dergelijke "ontwikkeling" was des
te betreurenswaardiger omdat zich bij het archeologisch
onderzoek in de catacomben een aantal methodische problemen voordoet die deze vorm van archeologie technisch gezien
sowieso tot een van de meest complexe en weerspannige vormen van oudheidkundig onderzoek maken. Zoals in het volgende hoofdstuk nog nader uiteengezet zal worden, was het
dus juist de catacomben-archeologie die aan het begin van de

twintigste eeuw op onderzoekstechnisch gebied meer dan welke andere vorm van archeologie dan ook nieuwe impulsen nodig had. Het leek wel alsof de catacomben-archeologie zich eenvoudigweg niet van het verleden *kon* bevrijden, hetgeen opnieuw werd bevestigd toen in 1951 de resultaten van de opgravingen van een belangrijke heidense en vroegchristelijke necropool onder de St. Pietersbasiliek werden gepubliceerd. Naar aanleiding van deze publikatie barstte er namelijk onmiddellijk een hevige discussie los die zich wederom niet zozeer op de kwaliteit van het uitgevoerde archeologisch onderzoek richtte als wel op de vraag of de traditionele vering van het graf van de apostel Petrus onder het hoofdaltaar van de St. Pietersbasiliek nu wel of niet terecht was.

Pas in de zestiger en zeventiger jaren van de twintigste eeuw begon de catacomben-archeologie zich eindelijk definitief los te maken van de benaderingswijze die deze vorm van archeologie sind haar ontstaan in de tijd van de Contrareformatie in meerdere of mindere mate altijd gekenmerkt had. Archeologische onderzoeksmethodes die elders reeds lang gepraktizeerd werden, begonnen nu ook langzaam in de catacomben-archeologie door te dringen. In de catacomben werd nieuw archeologisch veldwerk ondernomen, maar nu op een veel nauwgezettere wijze dan vroeger het geval was geweest (afb. 12). Men was daarbij niet langer exclusief geïnteresseerd in het opsporen van martelarengraven, maar wilde de ontstaan- en ontwikkelingsgeschiedenis van de catacomben in hun geheel te reconstrueren door gedetailleerde studies van de onderaardse gangsystemen. Aan het begin van de tachtiger jaren was dit onderzoek zo ver gevorderd dat voor de eerste keer de ontstaansgeschiedenis van de catacomben op basis van puur wetenschappelijke redeneringen en aan de hand van harde feiten kon worden gereconstrueerd.

Afb. 12.
Modern onderzoek in de
catacomben van Rome.

Toen eenmaal het besef doordrong dat de vroegchristelijke kunst zoals die in de catacomben zo rijkelijk bewaard was gebleven, niet in een artistiek vacuüm ontstaan was, maar deel uitmaakte van trends die ook bij de materiële nalatenschap van andere geloofsgemeenschappen zijn waar te nemen, ontstond er een levendige discussie over de vraag hoe vroegchristelijke wandschilderingen gedateerd moesten worden. Deze discussie, die in de zestiger jaren in volle hevigheid losbarstte, duurt nog steeds voort, zij het in minder hevige mate. Vanaf de zeventiger jaren werd ook de fotografie en in het bijzonder de fotogrammetrie[4] systematisch ingezet om de catacomben zo nauwkeurig mogelijk te documenteren. Kenmerkend voor het onderzoek in de laatste jaren is een hernieuwde opgravingsactiviteit in de catacomben waarbij, in tegenstelling tot vroeger, alle vondstmateriaal nauwkeurig in kaart wordt

---

[4]   Bij fotogrammetische opnames worden de wanden van de catacomben met een tweetal camera's gefotografeerd om vervolgens in tekeningen te worden omgezet. Op die manier is het mogelijk de wanden van catacomben te documenteren op een precisere en snellere wijze dan vroeger het geval was.

gebracht. Werden aardewerkvondsten vroeger zonder scrupu-les weggegooid, tegenwoordig wordt dit materiaal nauwkeurig gecatalogiseerd en bestudeerd. Bestond er vroeger nauwelijks aandacht voor de overblijfselen van diegenen die in de cata-comben begraven lagen, tegenwoordig wordt dit skelet-materiaal nauwgezet geïnventariseerd en onderzocht. Dankzij dergelijk onderzoek is de catacomben-archeologie aan het begin van het derde millennium eindelijk uitgegroeid tot een volwaardig tak van wetenschap die methodisch gezien niet langer hoeft onder te doen voor andere vormen van archeolo-gisch onderzoek. In de nabije toekomst zullen er nieuwe en opwindende ontdekkingen in de catacomben van Rome gedaan worden. Ongetwijfeld zullen deze ontdekkingen een nieuw licht werpen op vragen en thema's die in de volgende hoofdstukken van dit boek aan orde zullen komen.

HOOFDSTUK 2

De archeologie van
de vroegchristelijke catacomben

Introductie

Catacomben zijn ondergrondse begraafplaatsen die doorgaans
bestaan uit een complex netwerk van onderaardse gangen.
In de wanden van deze gangen zijn graven (de zogenaamde
loculi) en soms ook complete grafkamers (de zogenaamde
cubicula) uitgehakt. Hoewel onderaardse begraafplaatsen ook
elders in de landen rond de Middellandse zee voorkomen, zijn
de catacomben die in de omgeving van Rome bewaard zijn
gebleven vanwege hun enorme omvang veruit het bekendst.

Tot op heden zijn er zo'n zestig catacomben in de directe
omgeving van Rome gevonden. De grootste van deze catacomben, zoals de Callisto en Domitilla-catacomben, beiden
gelegen ten zuiden van de antieke stad, vormen ware onderaardse dodensteden. Genoemde catacomben beschikken over
een gangennet dat zich tot op vijf verschillende niveaus onder
elkaar en over een totale lengte van niet minder dan 20 kilo-
meter uitstrekt.

De term "catacombe" stamt oorspronkelijk uit het Grieks
en betekent letterlijk "nabij de holtes" (*ad catacumbas*). Met
die term werd aanvankelijk een plaats langs de Via Appia
Antica aangeduid in de buurt van de huidige Sebastiano-catacombe. Daar bevonden zich in de oudheid holtes in het
terrein die ontstaan waren bij het uithouwen van steen-
en zandgroeven die in deze omstreken veelvuldig werden
aangelegd. Vanaf de tweede eeuw n.Chr. werden in deze
holtes en onderaardse groeven graven uitgehakt. Die kleine

grafcomplexen groeiden op hun beurt in de loop der tijd uit tot onderaardse dodensteden. Zo ontstond langs de Via Appia een begraafplaats die onder de naam *ad catacumbas* bekend stond. De term catacombe die van deze naam is afgeleid, was van origine dus niet een soortnaam, maar een topografische term die op een specifieke plaats langs de Via Appia Antica betrekking had. Als zodanig was deze term dan ook aanvankelijk alleen op de Sebastiano-catacombe van toepassing. Pas in de Middeleeuwen werd de term generiek. Toen ging de term "catacombe" het tot dan toe algemeen gangbare *cryptae* (crypten of onderaardse ruimtes) vervangen. Vanaf dat moment werden alle vroegchristelijke onderaardse begraafplaatsen met de term "catacombe" aangeduid. Ook tegenwoordig wordt de term catacombe nog algemeen gebruikt om onderaardse begraafplaatsen aan te duiden, waarbij dan vooral gedoeld wordt op onderaardse begraafplaatsen van grote omvang. Is een onderaardse begraafplaats kleiner en biedt deze slechts ruimte aan één of meer families, dan spreekt men van *hypogeum* (letterlijk: ruimte "onder de aarde").

Alle catacomben die rondom de stad Rome ontdekt zijn, zijn uitgehakt in tuf. Dit is een grofkorrelig vulkanisch gesteente dat veel voorkomt in en rondom Rome. Het is afkomstig van twee vulkaangebieden die respectievelijk ten noorden en ten zuiden van Rome liggen en die de stad aan beide zijden van Tiber in de periode van zo'n 50.000 tot 700.000 jaar geleden met een dikke vulkanische laag bedekten (afb. 13).[1] Vanaf de vroegste geschiedenis van de stad diende tuf als bouwmateriaal. Zo bestaan de stadsmuurresten die

---

[1] Deze vulkanen zijn tegenwoordig niet meer actief; hun kratermond is nu opgevuld met water zoals het geval is bij het Lago di Albano en het lago di Nemi, beiden ten zuiden van Rome.

Afb. 13. Rome vanaf
de koepel van de St. Pietersbasiliek met op de achtergrond de uitgedoofde
vulkaantoppen van
de Albaanse bergen.

men bij het verlaten van het centraal station te Rome (Stazione Termini) ziet en die waarschijnlijk uit de vroege vierde
eeuw v.Chr. dateren, uit grote blokken tuf. Tuf werd ook
gebruikt om cement te produceren (in zulke gevallen wordt
het aangeduid met de term pozzolaan-aarde). Tuf is kortom
een grofkorrelige steensoort die enerzijds gemakkelijk voor
verschillende doeleinden te bewerken is, die anderzijds echter
ook genoeg consistentie bezit om onderaardse gangen en
ruimtes erin uit te hakken.

Ook tegenwoordig nog kan men bij een bezoek aan de
catacomben een goede indruk krijgen van de eigenschappen
van de steensoort waarin deze onderaardse begraafplaatsen
werden uitgehakt alsmede van de technieken die bij het aanleggen werden toegepast. Wanneer men de tufwanden in de
catacomben iets aandachtiger bestudeert, valt op dat er
verschillende tufsoorten zijn die van elkaar te onderscheiden
zijn op basis van verschillen in kleur en grofkorrelligheid.
De relatieve grofkorrelligheid bepaalt de compactheid en dus
de draagkracht van de desbetreffende tuflaag. Dat men al in
Oudheid wist dat niet alle tuflagen even geschikt waren om

daarin gangen uit te hakken, blijkt vooral uit het feit dat bepaalde gangen niet volledig zijn uitgebouwd. De presentie van dergelijke onvoltooide gangen geeft aan dat de bouwers van de catacomben ophielden met het hakken van een gang zodra ze in een slechte tuflaag verzeild raakten. Wanneer men met een zaklantaarn langs de muur schijnt (door de zaklantaarn vlak tegen de muur aan te houden), kan men in veel gevallen nog duidelijk de sporen waarnemen van de houwelen waarmee de catacomben uitgehakt zijn (afb. 14). Dergelijke

Afb. 14. Tufwand in de catacomben met sculptuurfragmenten. Op de wand zijn resten van de oorspronkelijke haksporen zichtbaar. De hakrichting loopt naar rechts.

haksporen vormen een belangrijk aanknopingspunt voor het reconstrueren van de ontwikkelings- en uitbouwgeschiedenis van de catacomben (hierover straks meer). Overigens is het niet gevaarlijk de algemeen toegankelijke delen van de catacomben van Rome te betreden omdat de wanden in die delen van de catacomben door de ingenieurs van de "Pauselijke Commissie voor de Heilige Archeologie" op professionele wijze van onderstuttend muurwerk voorzien zijn.

Het grote dateringsvraagstuk

In hoofdstuk I hebben we gezien dat geleerden sinds de herontdekking van de catacomben continu hebben gediscussieerd over de vraag wanneer, hoe en waarom de catacomben
van Rome ontstaan zijn. Om een bevredigend antwoord op
deze vraag te kunnen vinden, is het in de eerste plaats noodzakelijk om tot een betrouwbare datering te komen, niet
alleen van de catacomben in het algemeen, maar ook van de
verschillende gangdelen waaruit deze catacomben bestaan.
Zolang men niet weet wanneer de catacomben en de gangen
waaruit zij bestaan ontstaan zijn, is het niet mogelijk om de
catacomben in een grotere historische context te plaatsen.
Kennis van die grotere historische context is noodzakelijk
om te kunnen bepalen welke maatschappelijke ontwikkelingen nu daadwerkelijk een rol hebben gespeeld bij het ontstaan van de catacomben.

In hoofdtuk I hebben we gezien dat dateringsvraagstuk-
ken lange tijd een ondergeschikte rol speelden in de publikaties van die wetenschappers die zich met de vroegchristelijke
catacomben van Rome bezighielden. Lange tijd gingen
wetenschappers er vanuit dat de vroegchristelijke catacomben
van Rome reeds in de loop van de eerste eeuw n.Chr. ontstaan waren, dat wil zeggen in dezelfde periode waarin een
vroegchristelijke gemeente in Rome tot ontwikkeling begon
te komen. Kenmerkend voor deze beginperiode van het
wetenschappelijk onderzoek naar de catacomben was dat
dergelijke wetenschappers zich in hun overpeinzingen niet of
nauwelijks lieten leiden door dateerbare archeologische vondsten die zij in de catacomben hadden gedaan. Veeleer gaf een
meer theoretische overweging de doorslag, namelijk het
idee dat de catacomben in precies dezelfde tijd ontstonden
als de vroegchristelijke gemeenschap van Rome omdat
genoemde vroegchristelijke gemeenschap zijn doden toch

ergens begraven moest hebben. Dat "ergens" waren de catacomben.

Dat een betrouwbare datering zo lang op zich heeft laten wachten, is overigens niet uitsluitend een gevolg van de theologisch-apologetisch benadering die zo lang kenmerkend was voor het onderzoek naar de catacomben, maar heeft ook te maken met de unieke *archeologische* situatie die men in catacomben aantreft. In tegenstelling tot een reguliere opgraving bovengronds kan men in catacomben doorgaans namelijk geen gebruik maken van de onderzoeksstrategie die sinds de vroege twintigste eeuw zonder uitzondering door iedere wetenschappelijk opererende opgraver wordt toegepast: het principe van het stratigrafische archeologische onderzoek. Bij dergelijk stratigrafisch onderzoek graaft men op per laag (het Latijnse woord *stratum* betekent laag). Daarbij laat men zich leiden door het uitgangspunt dat hoe dieper een laag ligt, hoe ouder de historische fase moet zijn die met deze laag geassocieerd is. Door al deze lagen in sequentie te bestuderen, wordt het mogelijk een *relatieve* chronologie op te stellen, waarbij men vaststelt hoe de verschillende lagen elkaar stratigrafisch opvolgen. Het archeologisch vondstmateriaal dat in de verschillende lagen te voorschijn komt, biedt vervolgens de mogelijkheid tot een *absolute* datering te geraken, dat wil zeggen tot een precieze bepaling van de periode (in absolute termen) waarin de individuele lagen zijn ontstaan.

Helaas kan men in de catacomben geen gebruik maken dit soort opgraafprincipes. De catacomben bestaan uit een netwerk van onderaardse gangen die geen van alle een stratigrafische opbouw vertonen zoals men die bij een bovengrondse opgraving kan aantreffen, zoals bijvoorbeeld in een nederzetting die eeuwenlang bewoond is geweest (afb. 15). In de catacomben speelden de bouwactiviteiten zich vooral in *horizontale* richting af: als een gang geheel met graven was volgelegd,

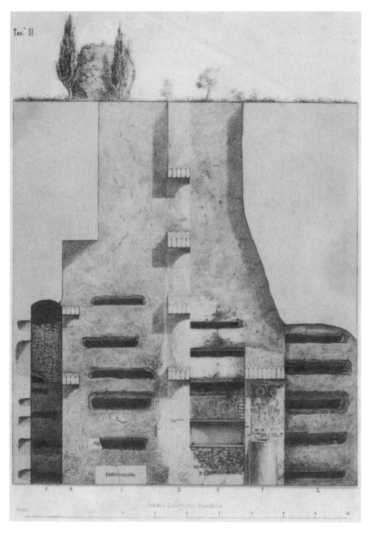

Afb. 15. Doorsnede van de grafkamer van de heilige Cornelius in de Domitilla-catacombe. De grafkamer staat met de bovengrond in verbinding middels een tweetal grote *lucernaria*.

werd er aan het einde van die gang een nieuwe gang gegraven. Bij het bestuderen van de bouwgeschiedenis van catacomben kan men er dientengevolge globaal vanuit gaan dat hoe verder een gang van de ingang van de catacombe verwijderd is, hoe jonger, chronologisch gezien, die gang moet zijn. Men kan een dergelijke horizontale stratigrafie onder andere op het spoor komen door te kijken naar de haksporen, vooral op de punten waar nieuwe onderaardse gangen zich van een bestaande gang aftakken. Door nauwgezette bestudering van deze haksporen kan men de richting bepalen van waaruit een bepaalde gang gehakt is. Op die manier kan men bepalen welke gangen eerst, en welke gangen later gehakt zijn. Zodoende ontstaat een *relatieve* chronologie.

Een van de grootste uitdagingen in de moderne catacomben-archeologie is om deze relatieve chronologie in een *absolute* chronologie om te zetten, dat wil zeggen om tot een precieze bepaling te komen van het tijdstip waarop of de periode waarin de gangen in kwestie nu precies zijn uitgehakt. Daarvoor is betrouwbaar archeologisch vondstmateriaal nodig, hetgeen in de catacomben echter niet altijd aanwezig is. Weliswaar bevatten de catacomben een schat aan archeologische vondsten, maar de chronologische bruikbaarheid van dit materiaal blijkt bij nader inzien toch vaak beperkt te zijn.

Daarvoor zijn verschillende redenen aan te voeren. Aangezien de catacomben vanaf de Oudheid min of meer continu voor bezoekers (en grafrovers) toegankelijk geweest zijn, is de oorspronkelijke archeologische context waaruit dit materiaal stamt vaak verstoord. De dateringswaarde van dergelijke vondsten die vaak her en der door de catacombe verspreid zijn geraakt, is daardoor vaak uitermate beperkt en niet zelden non-existent. Een andere, niet minder complicerende factor is dat het archeologisch materiaal dat zich nog wél *in situ* ("op zijn oorspronkelijke plaats") bevindt, vaak moeilijk te dateren is. Zo bevinden zich overal in de catacomben inscripties die men kan dateren op basis van de erop voorkomende namen of aan de hand van bepaalde linguïstische kenmerken, maar dergelijke dateringen zijn helaas vaak weinig precies. Hetzelfde geldt ook voor de wandschilderingen die men overal in de catacomben aantreft en waarvan de bestudering en datering tot op heden in de kinderschoenen staat. Lange tijd is men er vanuit gegaan dat men schilderingen op basis van stilistische kenmerken goed kon dateren. Vondsten in de Domitilla-catacombe, waar twee stilistisch zeer verschillende wandschilderingen naast elkaar op de wand van één grafkamer werden aangebracht, tonen echter aan dat niet alle wandschilderstijlen elkaar op organische en chronologisch te separeren wijze opvolgen, maar dat de combinatie van uiteenlopende stijlen in dezelfde periode en zelfs in één en dezelfde grafkamer mogelijk was.

Indien men een catacombe met behulp van de traditionele vondstcategorieën wil dateren, dan blijven er weinig middelen over. In sommige gevallen komt men munten of andere dateerbare voorwerpen tegen die in de stuc of het cement gedrukt zijn waarmee individuele graven werden dichtgezet. Soms vindt men een inscriptie die een absolute datum bevat, doorgaans in de vorm van een verwijzing naar de officierende consuls (in Rome werden de jaren gedateerd naar de consuls, dat wil zeggen de hoogste Romeinse hoogwaardigheidsbekleders, die dat jaar in functie waren; we kennen de namen van veel consuls alsmede de jaren waarin zij deze functie bekleedden). Muurwerk dat soms in de catacomben voorkomt, is niet zelden met een redelijke mate van precisie te dateren dankzij parallellen bovengronds. Aardewerkvondsten bieden tot slot ook enige houvast, alhoewel minder dan in een reguliere, bovengrondse opgraving waarin aardewerk doorgaans als het dateringsmiddel *par excellence* geldt. Over het type laat-antieke aardewerk dat men in de catacomben tegenkomt is nog relatief weinig bekend (afb. 16). Daarnaast speelt wederom een rol dat dit aardewerk zich veelal niet meer bevindt op de plaats waar het oorspronkelijk werd neergezet.

Afb. 16. Collectie laat-antieke aardewerkresten en lampen die men overal in de catacomben kan aantreffen.

Ondanks dit soort dateringsproblemen slagen onderzoekers er desalniettemin toch steeds vaker in de onstaans- en ontwikkelingsgeschiedenis van de catacomben rondom Rome te reconstrueren en wel door gecombineerd gebruik te maken van genoemde dateringstechnieken en door nauwkeurig en systematisch aandacht te besteden aan de archeologische context van de vondsten die zij opgraven. Juist omdat er gedurende de afgelopen twintig jaar zo veel aandacht is besteed aan de vraag hoe het dateringsvraagstuk op wetenschappelijke wijze op te lossen, kan de ontstaans- en ontwikkelingsgeschiedenis van de catacomben tegenwoordig veel beter worden gereconstrueerd dan in de dagen van Bosio en de Rossi. Daarbij valt overigens wel aan te tekenen dat nu gangbare dateringen op hun beurt in de nabije toekomst zullen moeten worden verfijnd en bijgesteld.

Ontstaan en ontwikkeling van de vroegchristelijke catacomben van Rome

De christelijke catacomben zoals we die nu kennen zijn het resultaat van een ontwikkelingsproces dat zich over een aantal eeuwen uitstrekte. Als zodanig leveren ze het tastbare bewijs voor het bestaan van een vroegchristelijke gemeenschap die vooral in de Late Oudheid een sterke demografische groei doormaakte. Dankzij recent archeologisch onderzoek kan de ontstaansgeschiedenis van de vroegchristelijke catacomben van Rome grofweg in de vier volgende fases worden onderverdeeld:

1. de ontstaansfase van de catacomben
   (tweede en vroege derde eeuw n.Chr.)
2. de fase waarin nieuw geconstrueerde catacomben als grote onderaardse begraafplaatsen werden geconcipieerd
   (derde eeuw n.Chr.)
3. de fase van de systematische uitbouw van de catacomben
   (vierde eeuw n.Chr.)
4. de fase van de restauraties en bezoeken door pelgrims
   (vijfde tot negende eeuw n.Chr.)

Van al deze vier fasen is vooral een beschrijving en reconstructie van de vroegste fase gecompliceerd. Zoals we al eerder zagen, gingen de geleerden van de Contrareformatie er zonder meer vanuit dat de catacomben in eerste aanzet rond het midden van de eerste eeuw n.Chr. ontstonden. Naarmate het onderzoek in en naar de catacomben gemoderniseerd werd, begon evenwel duidelijk te worden dat een dergelijke these vanuit archeologisch oogpunt nogal problematisch is. In geen enkele vroegchristelijke catacombe zijn archeologische vondsten gedaan die te dateren zijn in de periode van vóór de late tweede eeuw n.Chr. De afwezigheid van dergelijke vondsten rechtvaardigt de volgende twee conclusies. Ten eerste is men gedwongen vast te stellen dat de vroegchristelijke catacomben van Rome pas tot ontwikkeling kwamen op een moment dat een christelijke gemeenschap in Rome reeds enige, zo niet langere, tijd bestond. Ten tweede kan men concluderen dat de leden van de eerste christelijke gemeenschappen te Rome elders – dat wil zeggen buiten de catacomben die toen immers nog niet bestonden – hun doden moeten hebben begraven.

Men veronderstelt tegenwoordig doorgaans dat de eerste christenen in Rome zich op dezelfde wijze en mogelijk ook in dezelfde necropolen als de niet-christelijke bevolking in die stad hebben laten begraven. Overigens dient men daarbij te bedenken dat de oudste fase in het vroegchristelijke begrafeniswezen archeologisch of epigrafisch niet te traceren is: een iconografie die specifiek christelijk is, was in deze tijd nog niet tot ontwikkeling gekomen en ook een specifiek vroegchristelijk vocabulaire zoals men dat op inscripties uit een latere tijd aantreft, bestond in deze vroege periode nog niet.

Wegens het gebrek aan identificeerbaar archeologisch materiaal is het niet ongebruikelijk bij het onderzoek naar de ontstaansgeschiedenis van de catacomben om gegevens uit een iets latere periode op deze vroege tijd terug te projecteren. Zo weten we bijvoorbeeld dat een zekere bischop Martialis in de plaats Mérida (Zuid-Spanje, ten noorden van Cordoba) rond het midden van de derde eeuw n.Chr. zijn zonen volgens het lokaal gangbare gebruik gewoon op een pagane begraafplaats liet bijzetten, waarvoor hij weldra van christelijke zijde gekapitteld werd. Uit archeologische vondsten uit een iets latere periode blijkt dat ook in Rome zelf het naast elkaar begraven van heidenen en christenen veelvuldig moet zijn voorgekomen. Voorbeelden hiervan treft men aan in de vorm van de vrij te bezoeken necropool onder de St. Pietersbasiliek, en in de niet vrij toegankelijke Via Latina-catacombe waarin spectaculaire, recent gerestaureerde wandschilderingen bewaard zijn gebleven die zowel een vroeg-christelijke als een heidense thematiek te zien geven en die uit de late vierde eeuw n.Chr. stammen. Zodoende wordt op basis van zowel literaire als archeologische bronnen aannemelijk dat christenen zich lange tijd lieten begraven in begraafplaatsen waarin ook familieleden die zich nog niet tot het Christendom hadden laten bekeren, hun laatste rustplaats vonden. In het licht van dergelijke gegevens kan men er redelijkerwijs vanuit gaan dat de eerste christenen in Rome, wier graven archeologisch dus niet meer traceerbaar zijn, zich in dezelfde begraafplaatsen en zo mogelijk ook op dezelfde wijze als hun niet-christelijke stadsgenoten lieten begraven.

Om de ontstaansgeschiedenis van de oudste christelijke catacomben beter te kunnen begrijpen, is het noodzakelijk eerst kort een blik te werpen op de begrafenispraktijken van genoemde niet-christelijke stadsgenoten. In de tijd dat er in Rome een christelijke gemeenschap ontstond, was het bij het niet-christelijke deel van de stadsbevolking gebruikelijk om de doden te cremeren om ze vervolgens in grafurnen bij te zetten in familiegraven die in de vorm van bovengrondse grafgebouwen buiten de stads langs de grote uitvalswegen in allerlei vormen en maten te vinden waren (afb. 17).

In de loop van de tweede eeuw n.Chr., ten tijde van de regering van keizer Hadrianus (117-38 n.Chr.), maakte de gewoonte de doden te cremeren langzaam maar zeker plaats voor de gewoonte de doden te inhumeren, dat wil zeggen voor het gebruik de doden in hun geheel te begraven. Archeologsich geattesteerde voorbeelden van een dergelijke overschakeling zijn op verschillende plaatsen aangetroffen. Een goed voorbeeld treft men aan in de zogenaamde Vaticaanse necropool die zich onder de St. Pietersbasiliek bevindt, waar men

Afb. 17. Grafcomplex van Pomponius Hylas. De rijkversierde nissen boden ruimte om urnen met crematieresten onder te brengen.

bij een bezoek een serie grafhuizen kan bezichtigen waarin zowel crematie als inhumatiegraven naast elkaar voorkomen.

Archeologen en godsdiensthistorici discussiëren al lang over de vraag waarom de plotselinge overschakeling van lijk-verbranding naar inhumatie nu juist in deze tijd optrad, maar een eensluidend antwoord op deze vraag is er tot nu toe nog niet gevonden. Wel duidelijk is dat deze overschakeling vanuit praktisch oogpunt de nodige gevolgen had. Rijke Romeinen die zich in de loop van de tweede eeuw n.Chr. lieten inhu-meren, bestelden steeds vaker rijkversierde marmeren sarco-fagen (sarcofaag betekent letterlijk "vleeseter"), hetgeen in de traditionele mausolea al snel tot ruimtegebrek leidde. Om aan dit steeds nijpender wordende ruimte-gebrek tegemoet te komen, werden de Romeinse grafhuizen in de loop van de tweede eeuw dan ook weldra uitgebreid in de enige richting waarin uitbreiding in de overvolle bovengrondse necropolen nog mogelijk was, namelijk door naar beneden, dat wil zeg-gen ondergronds het grafhuis verder uit te bouwen. Zo onstonden onderaardse begraafplaatsen die aanvankelijk vaak van beperkte omvang waren en die met een bovengronds graf-huis in directe verbinding stonden (dit zijn de al eerder genoemde *hypogea*).

Een goed voorbeeld van deze ontwikkeling is te vinden in de vorm van het grafhuis van een zekere Clodius Hermes dat men tijdens een bezoek aan de Sebastiano-catacombe kan bezichtigen (afb. 18). Dit grafhuis werd rond 160 n.Chr. gebouwd voor een zekere Clodius Hermes en voor zijn fami-lie waartoe ook een aantal door Clodius Hermes vrijgelaten slaven (de zogenaamde *liberti* of "vrijgelatenen") behoorden. Het grafhuis bestaat uit een gemetselde façade die toegang biedt tot een grafruimte waarin men zowel urnen met crema-tieresten als sarcofagen bestemd voor inhumaties aantreft. Aan de rechterzijde van dit complex is een trap in de tuf uitgehakt

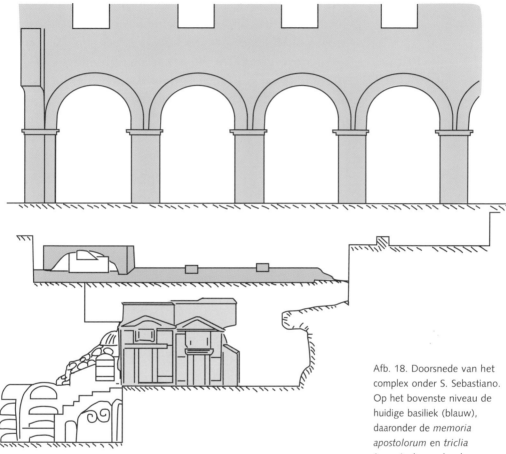

Afb. 18. Doorsnede van het complex onder S. Sebastiano. Op het bovenste niveau de huidige basiliek (blauw), daaronder de *memoria apostolorum* en *triclia* (groen), daaronder de zogenaamde Piazzuola met grafhuizen waaronder dat van Clodius Hermes (oranje). De grafhuizen die in een oude zandgroeve waren aangelegd, zijn op hun beurt weer door middel van onderaardse grafkamers op een nog lager niveau uitgebreid (geel).

die naar een tweede grafkamer leidt die zich op een lager niveau bevindt. In de wanden van deze tweede grafkamer is een elftal eenvoudige wandgraven uitgehakt die waarschijnlijk dienden om voornoemde vrijgelatenen te begraven. Het grafcomplex van Clodius Hermes is zodoende interessant omdat het enerzijds aantoont dat de overschakeling van crematie naar inhumatie een geleidelijk proces was dat rond het midden van de tweede eeuw in volle gang was en anderzijds omdat hier duidelijk wordt dat inhumatie van de doden tot ruimtegebrek leidde dat werd opgelost door middel van het ondergronds uitbreiden van bestaande grafruimtes.

Op basis van dit soort gegevens kan men dan ook samenvattend vaststellen dat de gewoonte om onderaardse begraafplaatsen aan te leggen in de loop van de tweede eeuw n.Chr. vooral in *pagane* kring populair werd vanwege de behoefte de lichamen van hun gestorven familieleden in de bestaande familiegraven bij te zetten. Dit verklaart ook waarom een heel aantal onderaardse begraafplaatsen in Rome – vooral die van kleinere omvang – gedecoreerd zijn met afbeeldingen en voorstellingen die helemaal niets met het Christendom te maken hebben. Vooral op de grondstukken waar later de grootste christelijke catacomben, zoals de Callisto en Sebastiano-catacomben langs de Via Appia Antica en de Domitilla-catacombe langs de Via Ardeatina, zouden ontstaan, vindt men veelvuldig resten van heidense bovengrondse mausolea die ondergronds werden uitgebreid. In de Late Oudheid, toen genoemde christelijke catacomben werden aangelegd, werden dergelijke onderaardse pagane begraafplaatsen in de zich snel uitbreidende christelijke catacomben geïntegreerd. In sommige gevallen werden dergelijke pagane hypogea bij hun integratie gechristianiseerd door middel van het aanbrengen van symbolen of van wandschilderingen die iconografisch gezien een onmiskenbaar christelijk karakter dragen. Dit gebeurde bijvoorbeeld in een van de oudste regionen van de Domitilla-catacombe, de zogenaamde regio van de Flavii (afb. 19). Deze regio bestaat uit een aantal onderaardse grafkamers uit de late tweede eeuw n.Chr. die langs een relatief brede gang werden aangelegd en die groot genoeg waren om sarcofagen in op te stellen. In de achterste kamers van deze regio verschijnen

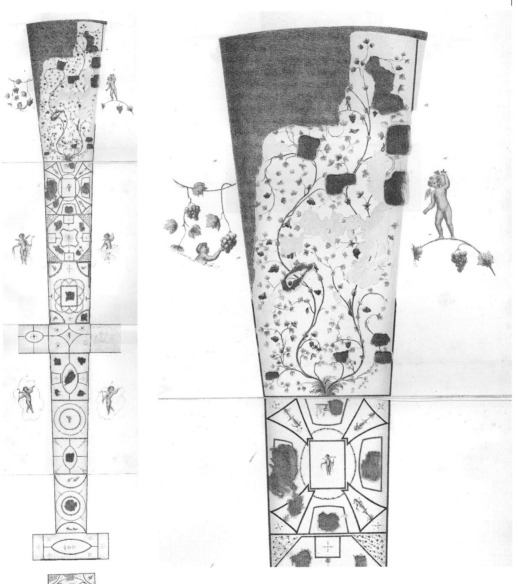

Afb. 19. Serie plafondschilderingen uit de lange verbindingsgangen in de regio der Flavii van de Domitilla-catacombe. Als strooimotieven gebruikte eroten verwijzen naar het bucolisch-idyllische landleven.

echter nogal onverwacht twee wandschilderingen op de muur die in de derde eeuw n.Chr. werden aangebracht en die in tegenstelling tot de wandschilderingen in de andere ruimtes een duidelijk christelijk karakter vertonen, want zij beelden twee bijbelse verhalen uit, Daniël in de leeuwekuil en Noach in de ark.

Naar gelang inhumatie in alle geledingen van de antieke maatschappij populairder werd, werd ook het ruimtegebrek rondom Rome nijpender. Hoe nijpend wordt inzichtelijk wanneer men zich realiseert dat Rome een stad was met een geschat totaal aantal inwoners van rond een miljoen met op hun beurt een gemiddelde levensverwachting die waarschijnlijk niet veel hoger was dan de levensverwachting in de ontwikkelingslanden van tegenwoordig. Het steeds nijpender wordende ruimtegebrek had tot gevolg dat voornoemde *hypogea* steeds verder ondergronds werden uitgebreid door middel van het uithakken van nieuwe onderaardse ruimtes en gangen. Juist omdat de necropolen rondom Rome overvol waren en de grafhuizen vaak hutje op mutje stonden, leidden de uibreidingen ondergronds er op hun beurt al snel toe dat grafhuizen die bovengronds duidelijk van elkaar afgegrensd waren, ondergronds met elkaar werden verbonden door een zich steeds verder uitbreidend gangsysteem. Wanneer men goed kijkt naar de plattegrond van een sommige catacomben, dan valt op dat ze bestaan uit een conglomeraat van onregelmatig verlopende onderaardse gangen die een aantal los van elkaar liggende hypogea met elkaar verbinden. In dergelijke gevallen is er dus niet zozeer sprake van een onderaardse begraafplaats die vanaf het begin als catacombe gepland was, maar veeleer van een aantal losse hypogea die door voortdurende uitbreiding ondergronds in de loop der tijd tot een catacombe zijn "samengegroeid," zoals bijvoorbeeld bij de Vibia-catacombe het geval is (afb. 20).

Afb. 20. Beroemde pagane wandschildering uit de Vibia-catacombe met banketscène. Links wordt de overledene Vibia door een poort deze Elyseïsche omgeving binnengeleid.

Dankzij het feit dat de vroegchristelijke kunst vanaf de vroege derde eeuw n.Chr. voor het eerst door het ontstaan van een specifiek christelijke iconografie als zodanig tastbaar wordt, is het mogelijk de ontwikkelingen in het vroegchristelijke begrafeniswezen in Rome vanaf deze tijd op de voet te volgen. De pagane trend om de doden ondergronds te inhumeren is in deze tijd ook in christelijke kring duidelijk waarneembaar. In de loop van de derde eeuw n.Chr. ontstonden op verschillende plaatsen in de omgeving van Rome kleine onderaardse begraafplaatsen die qua vorm sterk op de pagane onderaardse begraafplaatsen uit die tijd lijken, die echter op basis van inscripties en wandschilderingen geïdentificeerd kunnen worden als hypogea van families die zich tot het Christendom bekeerd hadden.

Daarnaast ontstonden er in dezelfde tijd ook vroegchristelijke ondergrondse begraafplaatsen die van genoemde familiehypogea in één opzicht verschillen, namelijk dat ze vanaf het begin geheel ondergronds waren aangelegd en dus niet langer in verbinding stonden met een bovengronds grafhuis.

De bouwers van dit type onderaardse constructies was het er kennelijk om te doen begraafplaatsen te creëren waarin niet alleen vanaf het begin veel ruimte voor inhumaties aanwezig was, maar die daarnaast ook de mogelijkheid tot onderaardse uitbreiding boden. Uit recent archeologisch onderzoek is gebleken dat de bouwers van dit soort grafcomplexen veelal gebruik maakten van reeds bestaande holtes in de tuf. Daarbij moet men denken aan verlaten pozzolaan-groeves zoals men die in de Sebastiano-catacombe aantreft (de zogenaamde *arenaria*) of aan niet langer in gebruik zijnde waterkanalen en cisternen. Een goed voorbeeld van laatstgenoemde gewoonte is te vinden in de toegankelijke Prisicilla-catacombe aan de Via Salaria. De oudste kern van deze enorme en kunsthistorisch interessante catacombe bestaat uit een netwerk van waterkanalen. Deze kanalen zijn als zodanig ook tegenwoordig nog te herkennen. De gangen in kwestie zijn namelijk breder dan de gangen die men normaliter in de catacomben aantreft (afb. 21). Ook beschikken ze over een afgeronde bovenzijde, hetgeen kenmerkend is voor waterkanalen, en zit er een duidelijk verloop in het bodemniveau (de bodem loopt langzaam naar beneden af om zodoende het water naar één punt te laten stromen).

Dergelijke reeds bestaande onderaardse ruimtes vormden een ideaal uitgangspunt voor het maken van onderaardse begraafplaatsen op basis van een minimale krachtsinspanning. Dankzij de mogelijkheden die het (her)gebruik van dit soort reeds bestaande onderaardse ruimtes bood, ging men in christelijke kring in de loop van de derde eeuw n.Chr. steeds meer toe over om grote ondergrondse begraafplaatsen aan te leggen die vanaf het begin ook als zodanig geconcipieerd waren. Zulke begraafplaatsen waren dan toegankelijk door middel van een toegangstrap die direct de diepte in leidde. Ze waren zodanig aangelegd dat veel mensen op zo economisch

Afb. 21. Waterkanaal in de Villa Torlonia-catacombe, als zodanig herkenbaar aan de afgeronde bovenzijde, het aflopend vloerniveau en het ontbreken van graven.

mogelijke wijze begraven konden worden. In directe tegenstelling tot de pagane mausolea met hun ondergrondse uitbreidingen, werd een aantal vroegchristelijke begraafplaatsen dus bewust ondergronds en specifiek met het oog op een steeds verder groeiende vroegchristelijke gemeente aangelegd.

Deze schaalvergroting die in Rome's vroegchristelijke necropolen in de loop van de derde eeuw n.Chr. steeds tastbaarder werd, werd niet uitsluitend ingegeven door ruimtegebrek, maar was ook een gevolg van een aantal opvattingen die zich in christelijke kring begon te manifesteren. Zo weten we uit geschreven bronnen dat aan het begin van de derde eeuw n.Chr. de diaken Calixtus door paus Zepherynus (195-217 n.Chr) werd aangesteld als opzichter van een onderaardse begraafplaats die specifiek diende om de armere leden van de vroegchristelijke gemeenschap te Rome een gepaste begrafenis te bezorgen (de catacombe in kwestie is vernoemd naar genoemde diaken en heet dan ook Callisto-catacombe aan de Via Appia Antica; Calixtus zelf werd overigens in de Calepodio-catacombe aan de Via Aurelia begraven). Zoals blijkt uit de archeologische vondsten die gedaan zijn in de zogenaamde Area I van de Callisto-catacombe – dat wil zeggen het gedeelte van de Callisto-catacombe waarvoor Calixtus de verantwoordelijkheid droeg en dat men bij een regulier bezoek aan deze catacombe kan bezichtigen – bestond deze begraafplaats uit twee parallel aan elkaar lopende onderaardse gangen die door middel van verschillende dwarsgangen met elkaar verbonden waren (afb. 22). In de wanden van deze gangen was een groot aantal zeer eenvoudige wandgraven te vinden.[2]

---

[2]   Dit is het gedeelte van de Callisto-catacombe waar zich ook de zogenaamde crypte der pausen bevindt die door de Rossi ontdekt werd (zie hoofdstuk 1). Deze crypte en verschillende andere grafkamers in dit gedeelte van de catacombe stammen uit een iets later periode (na 235 n.Chr.).

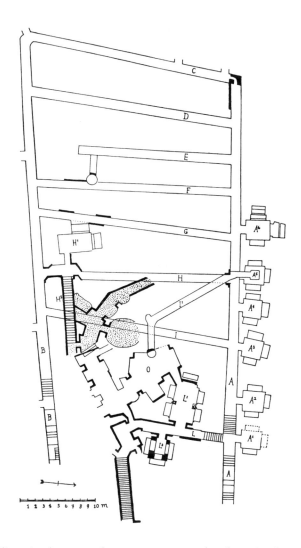

Afb. 22. De zogenaamde Area I in de Callisto-catacombe. Dit gedeelte wordt door archeologen gezien als de plaats waar de diaken Calixtus in de vroege derde eeuw n.Chr. zijn armenkerkhof inrichtte.

Uit literaire bronnen komt naar voren dat de enige kosten die werden verhaald op de mensen die hier werden begraven, de onkosten waren die de begrafenisondernemer moest maken. Alle andere kosten die voortkwamen uit het aanleggen en onderhouden van (ondergrondse) begraafplaatsen kwamen voor rekening van de kerk. Door dergelijke maatregelen waarbij de vroegchristelijke gemeenschap van Rome de verantwoordelijkheid op zich nam om gemeenteleden zonder aanzien des persoons in christelijke necropolen te begraven, werd de basis gelegd voor de vroegchristelijke begraafplaatsen die in de omgeving van Rome vooral in de vierde eeuw n.Chr. tot ondergrondse dodensteden van enorme omvang zouden uitgroeien. In dit opzicht onderscheidde de vroegchristelijke gemeente van Rome zich duidelijk van andere, pagane geloofsgemeenschappen. Het is dan ook niet verwonderlijk dat antieke, niet-christelijke auteurs, de zorg waarmee de vroegchristelijke gemeenschap de armste leden van die gemeenschap omgaf, zagen als een vorm van naastenliefde die typisch christelijk en voor henzelf ondenkbaar was.

Bloei en verval van de Romeinse catacomben

Zojuist hebben we gezien hoe in christelijke kring in de loop van de derde eeuw n.Chr. de eerste onderaardse begraafplaatsen ontstonden die met recht de naam catacombe kunnen dragen. De grootste uitbreiding ervoeren de catacomben echter pas in de loop van de vierde eeuw n.Chr. Dit was een tijd waarin het Christendom zich mede dankzij het Edict van Milaan vrijelijk kon ontwikkelen en kon uitgroeien tot staatsgodsdienst.[3] Twee derde van het gehele gangennetwerk in de catacomben van Rome werd gedurende deze periode aangelegd. Er is wel eens gesuggereerd dat de catacomben van Rome in totaal zo'n 750.000 graven bevatten. Het precieze aantal graven is overigens nooit geteld.

---

[3]   Het Edict van Milaan waarbij het Christendom dezelfde rechten als andere godsdiensten kreeg toebedeeld, werd in 313 n.Chr. door Constantijn en Licinius uitgevaardigd.

Het is zeer waarschijnlijk dat de grotere catacomben tijdens de bloeiperiode van het catacombenwezen op dezelfde wijze onder kerkelijk bestuur stonden als dat in de derde eeuw n.Chr. al bij de Callisto-catacombe het geval was. Rome was in zeven kerkregio's onderverdeeld die op hun beurt weer verschillende parochies omvatten. Vaak – maar niet altijd – werden de doden uit een bepaalde parochie begraven in een catacombe die gelegen was langs een uitvalsweg die in directe verbinding stond met de kerkregio waarvan zo'n parochie deel uit maakte. Zo is bijvoorbeeld bekend dat parochianen die in de Santa Sabina op de Aventijn in het zuidelijk deel van de stad ter kerke gingen, begraven werden in de Commodilla-catacombe, dat wil zeggen in een catacombe die gelegen is aan de Via Ostiense, de uitvalsweg die de kerkregio waarvan de S. Sabina deel uitmaakte met Ostia verbond.

Het eigenlijke werk in de catacomben werd aanvankelijk uitgevoerd door zogenaamde *fossores*. Dit waren doodgravers in de breedste zin van het woord. Zij waren namelijk niet alleen verantwoordelijk voor het begraven van de doden, maar ook voor het hakken van de gangen en het aanleggen van de graven. In verschillende catacomben waaronder de Domitilla-catacombe, zijn wandschilderingen en marmeren reliëfs bewaard gebleven waarop men dergelijke *fossores* – in het geval van de Domitilla-catacombe een zekere Diogenes – in actie kan zien (afb. 23). Het zijn mannen die met olielampen waren uitgerust en die met behulp van houwelen zich onder zeer oncomfortabele werkomstandigheden onderaards een weg in de tuf probeerden te banen. In eerste instantie werden dergelijke *fossores* uit kerkelijke kas bezoldigd. Uit inscripties blijkt dat in de loop van de vierde en ook in de vroege vijfde eeuw n.Chr. de *fossores* steeds meer tot onafhankelijke entrepreneurs werden die door middel van het verkopen van graven in hun levensonderhoud probeerden te voorzien.

Naarmate de tijd vorderde verloren ze die functie weer en werd de rol van de *fossores* steeds meer overgenomen door andere kerkelijke hoogwaardigheidsbekleders. Daarbij blijft overigens onduidelijk waarom de geleidelijke doch voortdurende verschuiving van verantwoordelijkheden nu precies plaatsvond.

Bij de uitbouw die in de vierde eeuw n.Chr. in de Romeinse catacomben noodzakelijk was geworden door de numeriek snelle groei van de vroegchristelijke gemeente aldaar, werd aangeknoopt bij ervaringen die men in de loop van de eeuw daarvoor bij het aanleggen van de eerste catacomben had opgedaan. Om plaats te kunnen bieden aan zoveel mogelijk doden, werden lange onderaardse gangen aangelegd die zowel qua indeling als qua topografische lay-out

Afb. 23. Wandschildering van de *fossor* Diogenes in de Domitilla-catacombe.
Het centrale deel van de wandschildering is aangetast, rechts is nog wel het op de grond staande hakwerktuig (*dolabra*) zichtbaar waarmee Diogenes zijn graafwerk uitvoerde.

het resultaat waren van doordachte planning. De plattegronden van de catacomben die in deze tijd ontstonden,
bestaan dan ook niet langer uit een conglomeraat van kron-
kelende gangen dat gedurende een relatief lange periode
ontstond. De catacomben uit de vierde eeuw n.Chr. kenmerken zich door een netwerk van lange rechte gangen die
door middel van dwarsgangen met elkaar in verbinding
staan en die in een korte tijdsspanne systematisch werden
uitgehakt. Vooral het zogenaamde visgraatmotief komt veelvuldig voor, dat wil zeggen een gangsysteem waarbij op
regelmatige afstanden zijgangen van de hoofdgang aftakken
zodat de plattegrond van dit type gangsysteem aan een vis-
graat doet denken.

In de wanden van al deze onderaardse gangen werden,
wederom op systematische wijze, wandgraven (de zogenaamde *loculi*) uitgehakt die in rijen van vier tot acht graven boven elkaar te vinden zijn. Terwijl de wandgraven in
de catacomben van de derde eeuw vaak irregulier van vorm
zijn en bovendien losjes over de gangwand verdeeld zijn
aangebracht, vertonen de graven in vierde-eeuwse catacomben doorgaans over een strak-omlijnde vorm en zijn zodanig in rijen boven elkaar aangebracht dat er geen enkel
wandstuk meer overblijft c.q. verloren gaat. Zelfs op de hoe-
ken van gangen die men uit bouwkundige overwegingen zo
resistent mogelijk wilde houden, bevinden zich nog graven.
Het gaat dan meestal om graven van kleinere afmetingen
die konden worden gebruikt om kinderen te begraven.

Dat de uitbouwwerkzaamheden van de vierde eeuw een
belangrijke etappe vormen in de geschiedenis van de catacomben van Rome ligt voor de hand. Naarmate zich meer,
en in het bijzonder meer welgestelde, mensen in de catacomben lieten begraven, veranderden de catacomben in onderaardse dodensteden waarin naast eenvoudige ganggraven

ook rijk gedecoreerde *cubicula* en *arcosolia* te vinden waren.[4] Deze rijk gedecoreerde grafkamers en grafnissen zijn dus een typisch vierde eeuws verschijnsel. Door deze rijk gedecoreerde grafkamers te bestuderen, is het mogelijk de ontstaansgeschiedenis van de vroegchristelijke kunst in hoofdlijnen te reconstrueren (afb. 24).

Afb. 24. Rijkgedecoreerde grafkamer in rood-groene lijnenstijl in de Vigna Randanini-catacombe met *loculus* (nisgraf, boven) en *arcosolium* (booggraf, onder).

Een andere belangrijke informatiebron vormen de inscripties die met name vanaf de vierde eeuw in grote hoeveelheden in de catacomben werden aangebracht en die dienden om de graven van de overledenen te markeren. Tot nu toe zijn er zo'n 40.000 van dit soort vroegchristelijke inscripties uit de catacomben bekend geworden (over deze inscripties, zie Appendix II achterin dit boek).

---

4 Een arcosolium (letterlijk "booggraf") is een graftype dat men zowel in catacombengangen als in grafkamers aantreft. Het is in de wand uitgehakt en bestaat uit een boog met daaronder een graf. Op zowel de boog, de achterwand van het graf onder de boog als op de voorzijde van het graf zijn vaak wandschilderingen aangebracht.

De graven van martelaren die tijdens de christenvervolgingen van de derde en vroege vierde eeuw n.Chr. waren omgekomen, werden in de loop van de vierde eeuw op pauselijke instigatie door bouwmeesters en handwerkslieden onder handen genomen waarbij oorspronkelijk weinig opzichtige graven tot kleine onderaardse heiligdommen werden getransformeerd. Dit soort bouwactiviteiten hadden wederom tot gevolg dat de catacomben steeds meer in de belangstelling van de gelovigen kwamen te staan.

In hoeverre de catacomben in de vijfde eeuw nog op grote schaal voor begrafenissen werden gebruikt, blijft op dit moment onduidelijk. In de Sebastiano-catacombe is een graf gevonden dat met zekerheid in het jaar 535 n.Chr. gedateerd kan worden. Men neemt echter aan dat er al eerder een eind kwam aan het systematisch in de catacomben begraven. Factoren die daarbij een rol gespeeld zouden kunnen hebben, zijn een snelle daling in het totaal aantal inwoners van de stad Rome waarbij een inwonertal van rond de 800.000 aan het begin van de vijfde eeuw aan het begin van de zesde eeuw n.Chr. tot 100.000 gereduceerd was; de politiek instabiele situatie waarbij de stad Rome zijn positie als hoofdstad van het Romeinse Rijk aan Constantinopel verloor; de voortdurende belegeringen en plunderingen waaraan zowel de stad als de catacomben blootstonden, beginnend met het beleg van de stad door Alarik in 410 n.Chr; en tenslotte het steeds populairder worden van het gebruik om de doden niet langer buiten de stad en ondergronds, maar binnen de stad en in bovengrondse graftombes te begraven.

De periode van de vijfde tot de negende eeuw n.Chr. is vooral een periode waarin de catacomben steeds meer tot bedevaartsoorden werden die grote aantrekkingskracht uitoefenden op gelovigen en pelgrims uit alle delen van West-Europa. De *itineraria* die we in hoofdstuk 1 hebben leren kennen en die in het latere archeologische onderzoek naar de catacomben zo'n belangrijke rol hebben gespeeld, ontstonden in deze tijd. Naarmate de stoffelijke overblijfselen van de martelaren vanaf de achtste eeuw in toenemende mate naar de kerken in de stad Rome zelf werden verplaatst, werden de catacomben ook voor pelgrims steeds minder interessant. Alhoewel de catacomben ook in de periode tussen de negende eeuw en de zestiende eeuw nog wel werden bezocht, waren dit soort bezoeken sporadisch en ongebruikelijk. Zoals in hoofdstuk 1 al duidelijk werd, zou het tot de tijd van de Contrareformatie duren voordat de catacomben van het vroegchristelijke Rome en het vele archeologische materiaal dat zij bevatten aan de vergetelheid zouden worden ontrukt.

De martelarengraven in de catacomben

Martelaren speelden een belangrijke rol in de belevingswereld van de oudste christelijke gemeenschappen. Martelaren waren christenen die van hun geloof in Jezus getuigden (het Griekse *martyr* betekent "getuige") en die bereid waren met hun leven voor deze getuigenis in te staan. Vooral tijdens de christenvervolgingen van de Romeinse keizers Decius (midden derde eeuw n.Chr.) en Diocletianus (vroege vierde eeuw n.Chr.) waren veel christenen de marteldood gestorven. Dergelijke martelaren, waarover in christelijke kring vele verhalen de ronde deden, stonden in hoog aanzien, niet alleen vanwege hun standvastigheid, maar ook vanwege het feit dat ze bereid waren om het hoogste offer voor het christelijke geloof te brengen. Met hun gedrag imiteerden deze martelaren Jezus Christus die de mensheid van haar zonden had verlost door zelf op Golgotha de marteldood te sterven.

Een specifiek christelijke martelaren-ideologie kwam vooral vanaf de vierde eeuw tot volledige ontplooiing. Naarmate de herinnering aan de christenvervolgingen begon te vervagen, werd de martelaren in toenemende mate de rol van hemelse belangenbehartiger toegedicht. Men ging er in navolging van een passage in de *Openbaring van Johannes* (6:9-11) vanuit dat de martelaren "onder het altaar" in de directe nabijheid van God vertoefden. Dankzij de bijzondere positie die de martelaren werd toegedicht, ontstond het idee dat de martelaren van het vroegchristelijke geloof bij God konden interveniëren om zo het lot van gewone stervelingen te beïnvloeden. Dit was vooral zo'n belangrijk gegeven in de vroegchristelijke geloofsbeleving omdat gewone stervelingen niet zoals martelaren direct in de hemel kwamen, maar eerst een periode van loutering moesten doormaken, waarbij lichaam en ziel van elkaar werden gescheiden – een periode die enige tijd kon duren en die pas beëindigd zou worden bij de wederopstanding der doden, dat wil zeggen ten tijde van het Laatste Oordeel.

Het grote respect dat de martelaren in de belevingswereld van de eerste christenen als door Jezus geïnspireerde "intercedenten" genoten, heeft zeer tastbare archeologische sporen in de catacomben van Rome nagelaten. Juist omdat de martelaren op het hoogste niveau konden interveniëren voor de gewone (en voor de niet-zo gewone) sterveling, wilden dergelijke stervelingen het liefst zo dicht mogelijk bij het graf van een martelaar begraven worden. In de catacomben treft men in de nabijheid van een martelarengraf dan ook vaak een wirwar van graven aan die op alle mogelijk denkbare plaatsen, ook in de vloer, in de tuf zijn uitgehakt. Hoewel het tegenwoordig misschien moeilijk voorstelbaar is dat deze vaak onooglijke graven tot de meest geprivilegieerde plaatsen in een catacombe behoren, tonen archeologische vondsten aan hoe populair dergelijke graven daadwerkelijk geweest moeten zijn. In de crypte der pausen die door de Rossi werd herontdekt (zie hoofdstuk 1) en die men bij een bezoek aan de

Callisto-catacombe aandoet, ontstond op een gegeven moment zo'n ruimtegebrek dat de skeletresten uit de graven om deze crypte heen werden verwijderd teneinde zo nieuwe ruimte in de directe omgeving van de pausgraven te scheppen.[5] De verwijderde botten werden vervolgens in een enorme, vier meter diepe groeve achter genoemde crypte gedeponeerd zodat daar een enorm *ossuarium* (knekelopslagplaats) ontstond (afb. 25). Ook in andere catacomben treft men veelvuldig geprivilegieerde zones aan die doorgaans met de naam *retro sanctos* (letterlijk "achter de heiligen") aangeduid worden. De betekenis van een dergelijke term wordt duidelijk wanneer men de Domitilla-catacombe bezoekt. In die catacombe, direct achter de basilica van Acchileus en Nereus, bevindt zich een onderaardse zone uit het midden

Afb. 25. Doorsnede van het graf van paus Cornelius in de Callisto-catacombe met aansluitend *ossuarium* dat diende om zoveel mogelijk overledenen in de nabijheid van deze heilig verklaarde paus te begraven.

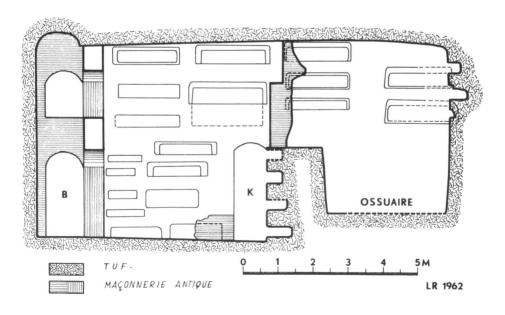

<hr>

[5] Aan deze pausen werd dezelfde rol toebedacht als aan martelaren.

van de vierde eeuw n.Chr. die direct aan de basilica aansluit en die uit hoofdzakelijk luxueus gedecoreerde grafkamers bestaat – zonder enige twijfel grafkamers van welgestelde families die in de buurt van genoemde heiligen begraven wilden worden.

Overigens werd de cultus die rond de graven van de martelaren ontstond ook van officiële zijde bevorderd. De grote vroegchristelijke basilieken die op verschillende plaatsen buiten de stad in de vierde eeuw n.Chr. werden gebouwd, zijn niet alleen aan martelaren gewijd, maar bevinden zich ook daadwerkelijk boven de catacomben waar de martelaar aan wie dergelijke basilieken gewijd zijn, begraven is. Dit is bijvoorbeeld het geval bij de St. Pietersbasiliek, de S. Agnese aan de Via Nomentana, de S. Lorenzo fuori le Mura langs de Via Tiburtina, de kerk van de heilige Marcellinus en Petrus langs de Via Casilina, en de *basilica apostolorum* (nu S. Sebastiano) langs de Via Appia Antica (alle basilieken zijn vrij toegankelijk).[6] In de Domitilla-catacombe ontstond een half-onderaards gelegen kerk die men bij een regulier bezoek kan aandoen en die gewijd was aan de heiligen Achilleus en Nereus. Achilleus' martelaarschap (hij werd onthoofd) staat in reliëf afgebeeld op een zuiltje dat door de Rossi werd ontdekt en dat diende ter ondersteuning van de ciborie (overhuiving van het altaar).

In de catacomben waren het vooral de activiteiten van paus Damasus (366-384 n.Chr.) die ertoe leidden dat de nagedachtenis aan de martelaren levendig gehouden kon worden. Juist omdat martelaren vaak in tijden van vervolging waren begraven, waren hun graven aanvankelijk vaak weinig opvallend en daardoor niet altijd gemakkelijk te identificeren.

---

6   De *basilica apostolorum* neemt enigszins een uitzonderingspositie in omdat ze gebouwd werd boven een plaats waar de graven van de apostelen Paulus en Petrus slechts tijdelijk begraven lagen, zie hierover hoofdstuk 4.

Soms was zelfs de precieze locatie van een martelarengraf in vergetelheid geraakt. Damasus bracht hierin verandering door de graven van martelaren te traceren en deze vervolgens met alle mogelijk artistieke middelen te verfraaien. Soms werd er naast het graf van de martelaar een altaar neergezet zodat ter plaatse de eucharistie kon worden gevierd, hetgeen vooral gebruikelijk was op de sterfdag van de desbetreffende martelaar. Soms ook werden schilderingen aangebracht, hetgeen bijvoorbeeld het geval was bij een lunette (achterwand) van een arcosolium in een grafkamer die zich in de Domitilla-catacombe in het *retro sanctos*-gedeelte van de zojuist vermelde basiliek van Achilleus en Nereus bevindt. In de lunette zijn de recentelijk gerestaureerde resten te zien van een muurschildering waarop een zekere Veneranda (die in het graf onder de lunette begraven lag) door de martelares Petronilla het Paradijs wordt binnengeleid. Deze schildering geeft op sprekende wijze uitdrukking aan het idee dat martelaren de gewone sterveling behulpzaam konden zijn bij zijn of haar reis naar het hiernamaals (afb. 26).

Afb. 26. Beschilderde grafwand in de Domitilla-catacombe met een voorstelling waarop Veneranda—de dode die hier begraven ligt— door de heilige Petronilla het paradijs wordt binnengeleid.

Paus Damasus die het leven en lijden van de martelaren aan de vergetelheid ontrukte, is echter vooral bekend vanwege de grafepigrammen in inscripievorm die hij schreef ter gelegenheid van de door hem verordonneerde werkzaamheden in de catacomben. Tot nu toe zijn er zo'n tachtig van dit soort grafepigrammen teruggevonden die aan paus Damasus worden toegeschreven. Van deze grafepigrammen was oorspronkelijk de helft bestemd om de graven van martelaren te sieren. De inscripties in kwestie zijn gemakkelijk te herkennen vanwege de grote, klassiek aandoende letters waarin zij gegraveerd zijn. Ze zijn het werk van een zekere Furius Dionysius Filocalus die zelfverzekerd zijn eigen naam aan de rand van sommige van deze inscripties in dezelfde elegante letters vereeuwigde met de volgende formule: "Furius Dionysius Filocalus heeft het geschreven." Een inscriptie van dit type kan men onder andere aantreffen wanneer men een bezoek brengt aan de al eerder vermelde pauscrypte in Callisto – een crypte die overigens ook in architectonisch opzicht veel aan een interventie door Damasus te danken heeft.

Niet alleen qua uiterlijke verschijningsvorm, ook qua inhoud doen de epigrammen van Damasus vaak klassiek aan, hetgeen niet verwonderlijk is gezien het respect waarmee in de vierde eeuw n.Chr. ook in christelijke kring de klassieken nog altijd werden bejegend. Ondanks de vorm waarin zij gegoten zijn, bevatten de epigrammen vaak een schat aan informatie. Dit verklaart waarom archeologen zoals de Rossi (zie hoofdstuk 1) erop gebrand waren bij hun opgravingen juist dit soort inscripties terug te vinden. Een goed voorbeeld van de door Damasus gekozen stijl vindt men in een epigram waarin hij bericht wat er met één van zijn voorgangers, paus Eusebius, was gebeurd: "Bischop Damasus heeft het gemaakt. Heraclius verbood de afvalligen om boete te doen; Eusebius daarentegen leerde die arme verschoppelingen op welke wijze je eigen zonden te bewenen. In twee partijen verdeelde zich het volk, terwijl de woede al maar toenam. Onlust, moord, oorlog, tweespalt, strijd. Ogenblikkelijk werd zowel de een als de ander door de wrede tiran verbannen, alhoewel de bischop zich had ingespannen om de vrede te bewaren. Opgewekt, bij de wil van God, onderging hij zijn verbanning; op Sicilië verliet hij het leven en de wereld. Aan Eusebius, bischop en martelaar."

De interesse voor de martelaren en hun graven zoals die zich in de vierde eeuw in de catacomben van Rome manifesteerde, leidde niet alleen tot een monumentalisering van dergelijke graven en hun directe omgeving, maar ook tot bouwactiviteiten elders in de catacomben. Om de toenemende stroom aan gelovigen en pelgrims het hoofd te bieden, werden er op verschillende plaatsen in de catacomben grote toegangstrappen alsmede schachten voor licht en lucht aangelegd (de zogenaamde *lucernaria*). In sommige catacomben ging men zelfs zover om twee separate trapconstructies aan te leggen, één voor diegenen die naar de graven van de martelaren afdaalden, en één voor diegenen die een bezoek aan de martelarengraven al achter de rug hadden.

Dat een bezoek aan dit soort martelarengraven diepe indruk maakte, blijkt vooral uit de vele *graffiti* die de gelovigen naast de graven achterlieten. De sporen van dit soort graffiti zijn voor hedendaagse bezoekers nog goed te zien in de Sebastiano-catacombe, waar zij achter plexiglas te bewonderen zijn. Vaak brachten pelgrims generaties achter elkaar hun graffiti op hetzelfde muurstuk aan. Hierdoor ontstond een haast niet meer te ontcijferen opeenhoping van inkervingen. Uit studie van deze vaak moeilijk te ontwarren graffiti blijkt dat sommige pelgrims hun naam achterlieten, terwijl andere pelgrims bij het inkrassen van een korte graffito juist de gelegenheid te baat namen om de martelaren aan te roepen.

Het bezoek aan de graven der materlaren bood pelgrims de mogelijkheid het graf van een martelaar aan te raken, hetgeen van groot belang was omdat men er al in deze vroege periode vanuit ging dat er een bijzondere werking van dit soort graven uitging. Vaak werden doeken tegen de graven aangehouden, of werd er olie over de graven heengegoten (die daarna weer werd opgevangen) die vervolgens door de pelgrims mee naar het land van herkomst werden genomen. Daar werden dergelijke doeken en olieflesjes dan als relikwieën bewaard. Dergelijke relikwieën konden worden gebruikt om zieken te genezen, om demonen uit te drijven, en zelfs om allerlei religeuze of maatschappelijke conflicten op te lossen. Hieruit blijkt dat in vroegchristelijke kring het idee dat er heiligheid van de graven der martelaren afstraalde in de meest letterlijke zin van het woord werd opgevat.

Zoals al eerder kort werd aangeduid, trad er in de achtste eeuw in Rome tenslotte een verschuiving op die zich elders in de laatantieke en vroeg-middeleeuwse wereld al veel eerder had voorgedaan. Onder paus Paulus I (756-767) en verscheidene van zijn opvolgers, werden de martelaren uit hun graven in de catacomben gehaald om te worden herbegraven in kerken in de stad. Door dit soort maatregelen bleven de martelaren in het centrum van de (spirituele) aandacht staan. De herinnering aan de catacomben, dat wil zeggen aan de plaatsen waar deze martelaren oorspronkelijk begraven waren geweest, vervaagde door dit soort verplaatsingen en herbegrafenissen echter snel. Dit had tot gevolg dat de catacomben die zo'n belangrijke rol hadden gespeeld in het onstaan van de vroegchristelijke martelarencultus na de negende eeuw n.Chr. bijna geheel in vergetelheid raakten. Deze vergetelheid waarin de catacomben, verklaart het enthousiasme van diegenen die in de late zestiende eeuw de catacomben herontdekten. Geheel onverwacht doemde er toen een lang verdwenen wereld op.

Het was een wereld waarin niet alleen de graven van vroegchristelijke martelaren en van talloze, vaak naamloze stervelingen waren bewaard gebleven, maar ook een enorme hoeveelheid aan kunstwerken die door de vroegchristelijke gemeenschap van Rome waren voortgebracht. Aan een bespreking van die kunstwerken is het volgende hoofdstuk gewijd.

HOOFDSTUK 3

De kunst van de vroegchristelijke catacomben

Inleiding

De catacomben van Rome vormen de belangrijkste bron van informatie die wetenschappers ten dienste staat om de oorsprong van de vroegchristelijke kunst te traceren en om de vroegste geschiedenis van de christelijke kunst in hoofdlijnen te reconstrueren. Dit is niet alleen een gevolg van de enorme omvang van de catacomben en van de overvloed aan archeologisch vondstmateriaal dat in deze onderaardse begraafplaatsen bewaard is gebleven. Ook is de ligging van de catacomben, namelijk diep onder de grond, een belangrijke factor die ervoor heeft gezorgd dat wandschilderingen en andere archeologische vondsten in een veel betere conserveringstoestand dan elders het geval is de tand des tijds hebben doorstaan.

Naarmate er meer duidelijkheid ontstond over de datering van de catacomben (zie hoofdstuk 2), zijn wetenschappers er in de twintigste eeuw eindelijk in geslaagd de verschillende etappes in de ontwikkelingsgeschiedenis van de vroegchristelijke kunst in kaart te brengen. Eén van de meest onthullende conclusies die bij dit onderzoek naar voren kwam, is het inzicht dat de vroegchristelijke kunst niet ontstond in de eerste eeuw n.Chr., maar dat deze kunst zich eerst geleidelijk aan tot een uiting van christelijke ideeën en idealen ontwikkelde. Dit evolutieproces dat zich over verscheidene eeuwen uitstrekt, is vooral interessant omdat we door de bestudering ervan de geloofsvoorstellingen en mentaliteit van één van de oudste christelijke gemeenschappen in Europa van nabij kunnen leren kennen (afb. 27).

Bij de bestudering van de vroegchristelijke kunst zoals die in de catacomben van Rome overgeleverd is, wordt tegenwoordig doorgaans onderscheid gemaakt tussen de *technische*, de *stilistische* en de *inhoudelijke* of iconografische aspecten die deze kunst kenmerken. Door een dergelijk onderscheid te maken, wordt het mogelijk de wezenskenmerken van de vroegchristelijke kunst beter te begrijpen. Zoals we in de loop van dit hoofdstuk nog nader zullen zien, onderscheidde de vroegchristelijke kunst zich op het technische en stilistische vlak namelijk niet of nauwelijks van contemporaine, niet-christelijke kunstuitingen. Inhoudelijk daarentegen ontwikkelde de vroegchristelijke kunst zich weldra tot een geheel eigen kunstvorm die zich kenmerkte door een voorkeur voor bijbelse thematieken. De uitbeelding van scènes die aan het Nieuwe Testament ontleend waren, ging daarbij vooral in de loop van de vierde eeuw n.Chr. een steeds prominentere rol spelen.

Afb. 27. Monumentale portretkop van keizer Constantijn in de hof van het Palazzo dei Conservatori te Rome.

Op basis van de inhoudelijke of iconografische kenmerken is de ontwikkelingsgeschiedenis van de vroegchristelijke kunst zoals die in de vroegchristelijke catacomben van Rome bewaard is gebleven in drie fasen te verdelen waarop hieronder nader zal worden ingegaan:

1. De ontstaansfase (late tweede en vroege derde eeuw n.Chr.)
2. De oudtestamentische fase (derde eeuw n.Chr.)
3. De nieuwtestamentische fase (vierde eeuw n.Chr.)

De ontstaansfase en de oudtestamentische fase

In hoofdstuk 2 werd duidelijk dat de oudste christelijke gemeentes zich wat hun begrafenisgewoontes betreft op zeer geleidelijke wijze van de hen omringende, niet-christelijke wereld losmaakten. Iets vergelijkbaars geldt voor de vroegchristelijke kunst. Ook deze werd niet in één dag geboren, maar was het resultaat van een zich langzaam ontvouwend ontwikkelingsproces waarbij men zich steeds meer losmaakte van iconografische thema's die tot dan toe in de antieke wereld gebruikelijk waren geweest.

Bij het ontstaansproces van de vroegchristelijke kunst dat in de loop van de tweede eeuw n.Chr. op gang begint te komen, zijn twee verschillende trends te onderscheiden. Enerzijds maakten christenen gebruik van voorwerpen waarvan hun niet-christelijke tijdgenoten eveneens gebruik maakten. Het betreft hier dus voorwerpen die inhoudelijk of iconografisch thematieken vertonen die niet uit het Christendom voortkomen. Anderzijds tekent zich in de loop van de tweede eeuw n.Chr. in christelijke kring de gewoonte af om bij het gebruik van algemeen gangbare en verkrijgbare voorwerpen te kiezen voor thematieken die weliswaar niet christelijk van origine zijn maar die wel als christelijk kunnen worden opgevat. Het is deze tweede gewoonte waarmee de basis werd gelegd waarop in de derde eeuw n.Chr. de vroegchristelijke kunst tot ontwikkeling en in de vierde eeuw n.Chr. tot volledige ontplooiing kwam.

Bij de eerste gewoonte, namelijk het gebruik maken van voorwerpen die vrijelijk verkrijgbaar waren, hoeven we niet lang stil te staan. Eén van de bekendste voorbeelden ervan is te vinden in de vorm van een sarcofaag die werd gebruikt voor de begrafenis van een zekere Marcus Aurelius Prosenes. Deze sarcofaag die zich tegenwoordig in de tuin van de Villa Borghese bevindt, is een grote marmeren lijkkist van een type zoals men die in de vroege derde eeuw n.Chr. wel vaker in niet-christelijke kring aantreft (afb. 28). De decoratie bevindt zich, zoals bij Romeinse sarcofagen gebruikelijk is, op de voorkant en bestaat uit festoenen en eroten. Ook de hoorn des overvloeds komt veelvuldig voor. Op het sarcofaagdeksel is een achteroverleunende (tegenwoordig onthoofde) Prosenes afgebeeld. Uit de inscriptie op de voorzijde van de sarcofaag blijkt dat Prosenes onder keizer Commodus (180-92 n.Chr.) huismeester was en in die hoedanigheid een groot aantal ver-antwoordelijkheden droeg waaronder het administreren van

Afb. 28. Voorzijde van de sarcofaag van Marcus Aurelius Prosenes. Eroten dragen de inscriptie met daarop een verslag van Prosenes' carrière.

het hof en van de keizerlijke goederen inclusief het beheer van de keizerlijke wijnkelder alsmede het organiseren van gladiatorenspelen. Dat Prosenes christen was, blijkt uit een tweede, veel minder prominente inscriptie die aan de rechter-bovenzijde van de sarcofaag werd aangebracht. Volgens deze inscriptie werd Prosenes op 3 maart van het jaar 217 n.Chr. "naar God teruggevoerd." Dankzij deze inscriptie weten we wat we op basis van de iconografie van de sarcofaag nooit hadden kunnen vermoeden, namelijk dat Prosenes een nogal prominente persoonlijkheid moet zijn geweest binnen de christelijke gemeenschap in de stad Rome.

De tweede wijze waarop christenen gebruik maakten van de pagaan-contemporaine materiële wereld die hen omgaf, is in het verband van dit hoofdstuk over het ontstaan van de vroegchristelijke kunst veruit de interessantste: de gewoonte om juist die thema's uit de pagane iconografie over te nemen die als christelijk konden worden ge(her)ïnterpreteerd. Uit een beroemde passage in de geschriften van de Alexandrijnse kerkvader Clemens (circa 160-215 n.Chr.) blijkt dat de vraag welke thema's en symbolen geschikt waren om door christenen te worden gebruikt vooral in de late tweede en vroege derde eeuw n.Chr. een prangende werd. In de passage in kwestie schrijft Clemens dat het christenen toegestaan is vingerringen te dragen, zij het niet bij wijze van ornament, maar omdat dergelijke ringen konden worden gebruikt om iemands bezit te markeren. Volgens Clemens zijn voor christenen de volgende afbeeldingen op zegelringen toegestaan: de duif, de vis, een door de wind voortgedreven schip, een lier (snaarinstrument), een scheepsanker en een visser. Het betreft hier telkens thema's die ook in de pagane wereld wijdverbreid waren, die echter voor christenen interessant waren omdat aan deze thema's een specifiek christelijke inhoud kon worden gegeven.

Uit archeologisch vondstmateriaal en in het bijzonder uit ingegraveerde inscripties die in Rome aan het daglicht gekomen zijn, blijkt dat de door Clemens genoemde iconografische thema's in christelijke kring inderdaad weldra populair en algemeen gangbaar werden. Een goed voorbeeld hiervan treffen we aan op een grafinscriptie uit het begin van de derde eeuw n.Chr. die uit de Vaticaanse necropool stamt en die tegenwoordig in Rome in het Nationaal Museum (Thermenmuseum) wordt bewaard (afb. 29). De inscriptie geeft onder andere twee vissen te zien die een anker flankeren waarboven in Griekse letters de termen *Ichtus Zoontoon* zijn aangebracht. *Ichtus* is het Griekse woord voor vis; *zoontoon* betekent "van de levenden." De precieze betekenis van deze termen wordt duidelijk wanneer men zich realiseert dat in vroegchristelijke

Afb. 29. Grafinscriptie met vroegchristelijke symbolen (vis, anker), vroegchristelijke inscripties in het Grieks (*Ichtus zoontoon*) en overblijfselen van een heidense grafformule (DM = *Dis Manibus*).

kring de term *Ichtus* werd opgevat als acroniem, dat wil zeggen als afkorting van de frase "Jezus Christus God's Zoon Redder" (*Ièsos Christos Theou Huios Soter*). In dit specifieke geval wordt Christus dus gepresenteerd als "redder van de levenden" en wordt dit concept door middel van de eronder afgebeelde vissen nog verder benadrukt. Het anker staat in de vroegchristelijke kunst symbool voor de hoop, naar aanleiding van een passage in Hebreeën 6:19 waarin een dergelijk verband expliciet wordt gelegd.

De overname door christenen van een aantal geselecteerde thema's die in de niet-christelijke contemporaine wereld populair waren, geldt ook nog voor een heel aantal andere afbeeldingstypes die niet door Clemens worden genoemd. De meest voorkomende afbeelding is zonder enige twijfel die van de *kriofoor*. *Kriofoor* is Grieks voor ramsdrager. Daarmee wordt een iconografisch type aangeduid dat vanaf het eerste voorkomen ervan in de late zevende eeuw vóór Christus in de klassieke wereld uitermate populair was (afb. 30). Afbeeldingen van ramsdragers zijn overgeleverd in de vorm van marmeren en bronzen statuettes (standbeeldjes), sarcofagen (in totaal zo'n kleine 200), wandschilderingen, aardewerk lampen en zelfs van glazen voorwerpen. In de klassieke literatuur werd de ramsdrager gezien als symbool van de filantropie of menslievendheid.

In de derde eeuw n.Chr. begonnen christenen het type van de ramsdrager over te nemen. Zij waren vooral in deze ramsdragers geïnteresseerd omdat dergelijke herdersfiguren gemakkelijk konden worden geïnterpreteerd als "de Goede Herder" en dus als verwijzing naar Jezus in zijn hoedanigheid van herder die gekomen was om de mensheid tegen rovers en dieven te beschermen en een "leven en overvloed" te garanderen (zie Johannes 10). Hoe populair het thema van de ramsdrager ook in de Late Oudheid bleef, wordt duidelijk wanneer

Afb. 30. Standbeeld van *kriofoor* of ramsdrager, een populaire type om het bucolisch-idyllische landleven te illustreren.

men de collectie van vroegchristelijke sarcofagen in het in het Museo Pio Cristiano (onderdeel van de Vaticaanse Musea) in ogenschouw neemt. Telkens weer komt men de ramsdrager op deze sarcofagen tegen, zoals op de indrukwekkende sarcofaag die het inventarisnummer 191A draagt. Op de voorzijde van deze rijk bewerkte sarcofaag staat de *kriofoor* drie maal afgebeeld. Terzijde van deze ramsdragers die elk een kromme herdersstaf dragen, zijn eroten afgebeeld die bezig zijn met de wijnoogst. Op de zijkant van de sarcofaag komt men personificaties van de seizoenen (winter, voorjaar, zomer, herfst) tegen. De ramsdragers op deze sarcofaag zijn dus onderdeel van een wereld waarin het bucolisch-idyllische de boventoon voert.

Ook in de oudste regio's van de catacomben, en met name in de Callisto, Domitilla (waar zelfs een "Cubiculum van de Goede Herder" is) een in de Priscilla-catacombe, komt men de ramsdrager veelvuldig tegen (afb. 31). In dergelijke gevallen

Afb. 31. Plafondschildering uit Callisto-catacombe met voorstelling van een *kriofoor*-Goede Herder.

treft men dit iconografische type wederom vaak aan in een kader waarin ook allerlei andere bucolische strooimotieven, zoals vogels, bloemen, guirlandes en in het bijzonder pauwen, voorkomen. Overigens dient in dit verband te worden aangetekend dat het in individuele gevallen vanwege de relatieve "neutraliteit" van de *kriofoor* vaak moeilijk is om vast te stellen of men nu een pagane of een vroegchristelijke ramsdrager voor zich heeft. Het is de archeologische vindplaats die in deze uitkomst biedt: indien men een wandschildering van of een sarcofaag met een ramsdrager midden in de christelijke catacomben aantreft, dan mag men er vanuit gaan dat de opdrachtgevers van een dergelijke afbeelding ook inderdaad het thema van de Goede Herder en zo mogelijk ook de gelijkenis van het verloren schaap in gedachten hadden (zie Lucas 15:4-7).

Met het gebruikmaken van gangbare iconografische motieven zoals de vis en de ramsdrager werd de eerste stap gezet op een traject dat weldra, in de derde eeuw n.Chr., zou leiden tot het *omvormen* van bestaande en algemeen gangbare motieven. Naarmate het zelfvertrouwen binnen de vroegchristelijke gemeente toenam en zich steeds meer de behoefte deed gevoelen om de nieuw gewonnen identiteit ook met behulp van artistieke middelen tot uitdrukking te brengen, begon men thema's te ontwikkelen die *formeel* gezien direct uit de pagane wereld waren overgenomen, die op het *inhoudelijke* vlak echter een specifiek christelijke boodschap tot uitdrukking moesten brengen.

In de contemporaine pagane funeraire kunst waren in deze tijd (tweede en vroege derde eeuw n.Chr.) vooral thema's populair die het landleven uitbeelden (de zogenaamde bucolische of idyllische wereld) alsmede thema's die op de zee betrekking hadden (de maritieme scènes). Het is dan ook niet verwonderlijk dat men in de pagane grafkunst uit deze tijd vaak afbeeldingen van mythologische figuren aantreft wier levensloop op een of andere manier met deze bucolische of maritieme wereld in verband stond. Naast de *kriofoor* of ramsdrager die zojuist al aan de orde kwam en die het ideaal van een gelukzalig landleven op meer algemene wijze tot uitdrukking brengt, komt men ook afbeeldingen van specifiekere figuren tegen. Onder hen bevindt zich Endymion, een schone jongeling die door de maangodin Selene in een eeuwigdurende slaap werd gehuld, de Griekse zanger Orpheus die met zijn gezang mens en dier wist te betoveren, alsmede Deucalion die samen met zijn vrouw aan een door de Griekse oppergod Zeus verordonneerde zondvloed in een boot had weten te ontkomen.

In de kunst van de vroegchristelijke catacomben begint men in de loop van de derde eeuw n.Chr van deze algemeen gangbare types – en met name van hun uiterlijke verschijningsvorm – gebruik te maken. Zo werd de slapende jongeling die eens Endymion had voorgesteld nu getransformeerd tot een uitrustende Jona, dat wil zeggen tot de bijbelse profeet die van God de opdracht had gekregen de inwoners van de stad Ninevé tot inkeer te brengen (afb. 32). Uiterlijk is genoemde transformatie niet direct herkenbaar: ook in de kunst van de catacomben, dat wil zeggen in die schilderingen waar men de bijbelse Jona heeft willen afbeelden, komen we

Afb. 32. Jona-cyclus uit de Callistus-catacombe: Jona wordt overboord gegooid; Jona wordt uitgespuwd door *ketos*; en Jona onder zijn wonderboom als naakte, slapende jongeling à la Endymion.

nog steeds het type van de naar achter leunende naakte jongeling tegen (de opgeheven, op het hoofd rustende arm was een motief waarmee men in de Romeinse kunst traditionaliter een slapend iemand uitbeeldde). Dat er in het geval van deze catacombale schilderingen echter wel degelijk een (inhoudelijke) transformatie heeft plaatsgevonden, wordt duidelijk wanneer we naar de toevoegingen kijken die de afbeeldingen van dit soort rustende jongelingen in de catacomben vergezellen. Zo is de rustende figuur in de kunst van de catacomben meestal uitgebeeld als liggende onder een pergola – een motief dat moet worden opgevat als een verwijzing naar de wonderboom uit het verhaal van Jona (goede voorbeelden van dit type zijn ook te vinden in de vorm van een aantal gedecoreerde sarcofaagdeksels die zich bevinden in het Museo Pio Cristiano). Naast de afbeelding van de rustende figuur komt men bovendien vaak een tweede wandschilderscène tegen met de afbeelding van een schip waarop een man overboord wordt gezet. Een derde afbeelding waarop een man door een zeemonster wordt uitgespuwd, complementeert doorgaans het geheel. Dat dergelijke toevoegingen op hun beurt weer uit de klassieke wereld afkomstig zijn, wordt duidelijk wanneer men de vis die Jona uitspuwt, nader bekijkt. Deze vis wordt namelijk niet afgebeeld als walvis maar in de vorm van een *ketos*, dat wil zeggen een zeedraak van een type dat men in de Romeinse kunst vaak in een maritieme setting tegenkomt. Het naast elkaar voorkomen van deze drie scènes geeft evenwel aan dat we hier niet langer met de rustende Endymion te maken hebben, maar met scènes die betrekking hebben op het leven van Jona (respectievelijk de op de vlucht zijnde Jona die tijdens een storm overboord wordt gegooid, Jona in de walvis, Jona's wonderboom).

Dergelijke veranderingen en toevoegingen treft men ook aan bij de andere bucolische en maritieme types die door christenen uit de pagane wereld werden overgenomen. Zo suggereert bijvoorbeeld de aanwezigheid van een vogel dat we op de wandschilderingen in de catacomben niet langer te maken hebben met de Griekse held Deucalion, maar met een afbeelding van Noach in de ark.

Hoe men zich deze ontwikkelingen dient voor te stellen, kan goed geïllustreerd worden aan de hand van een rijkversierde sarcofaag die in het Pio Cristiano bewaard wordt (inventarisnummer 119). De drie genoemde scènes uit het leven van Jona overheersen op deze vierde eeuwse friessarcofaag: Jona die overboord wordt gegooid, Jona in de muil van een *ketos*, en Jona die uitrust onder een pergola (afb. 33). Verder komen (historisch ongedefinieerde) maritieme en bucolische scènes voor, zoals een visscène (rechtsonder) en een herdersscène (rechtsboven). Daarnaast treft men ook nog een aantal oud- en nieuwtestamentische scènes aan die door hun kleinere formaat visueel een veel minder prominente plaats innemen. Zo ziet men boven het zeemonster een man met vogel in kistje – een afbeelding die ongetwijfeld moet worden opgevat als verwijzing naar Noach in zijn Ark (Genesis 8:6-13). Linksboven zien we verder nog een weergave van de opwekking van Lazarus (Johannes 11) en het bronwonder van Mozes (Exodus 17:6).

Afb. 33 Sarcofaag met Jona-cyclus (monstrueuze *ketos*), bucolisch-idyllische thema's en opwekking van Lazarus (links boven).

Uit deze voorbeelden blijkt dat het omvormingsproces dat in al deze gevallen plaatsvindt, uitsluitend betrekking heeft op de *inhoud* van genoemde voorstellingen. *Stilistisch* en *technisch* gezien zijn er geen verschillen tussen de pagane en de vroegchristelijke kunst uit deze tijd. Integendeel, op die vlakken lopen beide kunstuitingen juist naadloos in elkaar over. In het licht van onze discussie over het overnemen en aanpassen van algemeen gangbare iconografische types zal het dan ook niet verbazen dat recent onderzoek heeft uitgewezen dat christenen gewoon van ateliers en handwerkslieden gebruik maakten die ook voor niet-christelijke opdrachtgevers werkten. Inhoudelijk ondergaan de genoemde thema's een christianiseringsproces met dien verstande dat er aanvankelijk sprake blijft van een mengelmoes waarbij pagane c.q. traditioneel-bucolische en maritieme motieven gewoon naast de gechristianiseerde motieven blijven voorkomen. De Jona-sarcofaag in het Museo Pio Cristiano die we zojuist nader hebben bestudeerd, toont dat duidelijk aan.

Dankzij het steeds vrijelijker experimenteren met een vormentaal die in de laatantiek pagane wereld algemeen verbreid was, kon de vroegchristelijke kunst zich in de loop van de derde eeuw n.Chr. steeds meer ontwikkelen tot een kunstuiting waarbinnen thema's ontwikkeld konden worden die iconografisch gezien in toenemende mate specifiek christelijk waren. Opvallend is daarbij overigens dat in de derde eeuwse kunst zoals die in de vroegchristelijke catacomben van Rome bewaard is gebleven, oudtestamentische scènes ongeveer drie keer zo populair waren als nieuwtestamentische (afb. 34). Naast scènes die het leven van de profeet Jona illustreren en die de andere oudtestamentische scènes in frequentie veruit overtreffen (vooral op de wandschilderingen in de Callisto en Domitilla-catacomben), komt men met een zekere regelmaat ook afbeeldingen tegen van het offer van Isaäk (Genesis 22),

Afb. 34 Rotswonder van Mozes uit de Callisto-catacombe (Exodus 17:5-6).

de drie jongelingen in de vuuroven (Daniël 3; verscheidene keren op wandschilderingen in de Domitilla en Priscilla-catacombe) en Daniël in de leeuwekuil (Daniël 6; komt op wandschilderingen vooral in de Domitilla en Callisto-catacombe voor). Gedurende de hele derde eeuw blijven nieuwtestamentische scènes, in ieder geval waar het de wandschilderingen in de catacomben betreft, daarentegen een uitzondering die de regel bevestigen. De enige twee scènes die nog met een zekere regelmaat voorkomen, zijn de doop van Jezus in de Jordaan (Matthéüs 3: 13-17) en de opwekking van Lazarus (Johannes 11; op schilderingen vooral in de Domitilla en Callisto-catacombe).

Qua compositie hebben de oud- en nieuwtestamentische scènes veel gemeen: in beide gevallen gaat het om geïsoleerde episodes en niet om de doorlopende illustratie van een compleet verhaal. Dergelijke episodes worden doorgaans op een neutraal gekleurde (witte) ondergrond aangebracht, waarbij een indicatie van het landschap of de stedelijke setting waarin het verhaal in kwestie zich afspeelt, achterwege blijft. De reductie van bijbelse verhalen tot een soort enkel-scènige strooimotieven die overal in de decoratie van de catacomben, maar ook op sarcofagen (zoals op de Jona-sarcofaag in het Vaticaan) kan worden ingezet, heeft sommige wetenschappers doen vermoeden dat de vroegchristelijke kunst haar oorsprong vindt in decoratie van zegelringen die vergelijkbaar zijn met de ringen zoals Clemens die omschrijft (ringen bieden immers slechts plaats aan illustraties van enkelvoudige scènes en niet van complete narratieve cycli).

Het beste voorbeeld van een vroege sequentie aan oudtestamentische en nieuwtestamentische scènes treft men aan in de zogenaamde Sacraments-kapellen in de Callisto-catacombe (eerste helft derde eeuw). Daar laten zich bewonderen: de drie reeds vermelde scènes uit het verhaal van Jona, Noach, Isaäk, Mozes die water uit de rots te voorschijn doet komen, de doop van Christus, de genezing van een verlamde, de wederopstanding van Lazarus, en Jezus en de Samaritaanse vrouw. Ook de zogenaamde Capella Graeca in de Priscilla catacombe (late derde eeuw n.Chr.) biedt een goed voorbeeld van het naast elkaar voorkomen van oud- en nieuwtestamentische scènes. Daar komt men tegen: de wederopstanding van Lazarus, Daniël in de leeuwekuil, het offer van Isaäk, de drie jongelingen in de vuuroven, Suzanna en de ouderen, Noach, Mozes die op de rots slaat en als nieuwtestamentische thema's de genezing van een verlamde en de drie wijzen uit het Oosten.

Opvallend bij al deze scènes is dat Jezus als jonge man wordt afgebeeld. Bij de vroegste afbeeldingen van Christus is op het formele vlak de invloed van de klassieke traditie nog zeer sterk aanwezig. Pas later, in de kunst van de vierde eeuw n.Chr., begint Christus meer persoonlijke gelaatstrekken te krijgen. Hoewel het type van de jeugdige Christus in deze latere periode niet helemaal verdwijnt, begint in de vierde eeuw Christus het proces waarbij Christus steeds ouder (o.a. met baard) en vooral ook majestueuzer wordt afgebeeld. In deze periode treft men voor het eerst ook scènes uit het lijden van Christus aan. In de derde eeuw n.Chr. was dit, met uitzondering van een paar geïsoleerde wandschilderingen in de Pretestato-catacombe, zeer ongewoon.

Zodoende is het voorkomen van oudtestamentische scènes kenmerkend voor de beginfase van de vroegchristelijke kunst. Een dergelijke stand van zaken is vooral verwonderlijk wanneer men zich bedenkt dat de essentie van het Christendom nu eenmaal niet het Oude, maar juist in het Nieuwe Testament gelegen is. Om de mogelijke redenen voor deze voorkeur beter te kunnen begrijpen, is het noodzakelijk om de fase waarin de vroegchristelijke kunst zich begon uit te kristalliseren nogmaals kort onder de loep te nemen.

Verklaringsmodellen

In het recente verleden is er veel gediscussieerd over de vraag waarom de vroegchristelijke kunst pas heel geleidelijk aan tot ontwikkeling kwam en waarom oudtestamentische scènes vooral in de beginfase van dit proces zo'n prominente rol spelen.

Volgens één van de meer gangbare verklaringen heerste er in christelijke kring aanvankelijk een aversie tegen kunst omdat gevreesd werd dat het op artistieke wijze afbeelden van bijbelse figuren tot afgoderij zou kunnen leiden. Vooral in de tweede en derde eeuw n.Chr. werd er in de vroegchristelijke literatuur nogal uitvoerig gefulmineerd tegen het in pagane kring verbreide gebruik tempels en huizen met de afbeeldingen van goden en mythologische helden op te sieren. De vroegchristelijke auteurs in kwestie, die apologeten worden genoemd, lieten zich in hun polemieken leiden door het bijbelse gebod dat men geen gesneden beeld mag maken "noch van enige gestalte van wat boven in de hemel, noch van wat beneden op aarde, noch van wat in de wateren onder de aarde is" (Exodus 20:4). Juist omdat er in deze literatuur zo fel wordt gereageerd op kunstvoorwerpen en juist omdat sommige kerkvaders ook na de derde eeuw n.Chr. gekant bleven tegen het uitbeelden van Jezus, heeft men wel verondersteld dat de christelijke kunst zich aanvankelijk als een soort lekenkunst, dat wil zeggen zonder billijking van kerkelijke hoogwaardigheidsbekleders en tegen de stroom in ontwikkeld heeft.

Bij nader inzien blijkt deze verklaring echter slechts ten dele afdoende. Bij een nauwgezette lectuur van de apologetische literatuur blijkt namelijk dat de aversie tegen kunst zoals die in deze literatuur naar voren komt vooral diende om de beeldverering c.q. de afgoderij van contemporaine heidense geloofsgemeenschappen onder vuur te nemen. Door de aanval in te zetten op deze pagane beeldverering en door deze te ridiculiseren, probeerden de vroegchristelijke apologetische auteurs de essentie van hun eigen, nieuwe geloof tentoon te spreiden. Bij deze vorm van negatieve zelf-definitie ("wij christenen vereren geen beelden") diende de kritiek op kunst in het algemeen als rhetorisch middel om het uiteindelijke doel te bereiken (namelijk acceptatie van de christelijke godsdienst door een maatschappij waarin het Christendom niet de norm was). Men kan daarom dan ook met recht concluderen dat de vroegchristelijke apologeten niet zozeer tegen het gebruik van kunst op zich gekant waren, maar tegen de misstanden waartoe het gebruik van kunst in pagane kring leidde (namelijk verering van "gesneden beelden" hetgeen christenen in deze vroege tijd verwerpelijk vonden). Of vroegchristelijke kunst inderdaad ontstond in kringen die niet goed op de hoogte waren van hetgeen *bon ton* was onder vroegchristelijke theologen of die zich daarvan weinig aantrokken, is een hypothese die bij gebrek aan bewijs eveneens als problematisch kan worden aangemerkt.

In het bovenstaande werd duidelijk dat de vroegchristelijke kunst zich heel geleidelijk, dat wil zeggen binnen de matrix van de laat-antieke kunst, ontwikkelde. Dat een dergelijke ontwikkeling plaatsvond, is op zich niet verwonderlijk. De leden van de eerste christelijke gemeenschappen bestonden immers veelal uit mensen met een pagane achtergrond die na bekering tot het Christendom in eerste instantie gewoon gebruik bleven maken van gebruiksvoorwerpen waarvan ze altijd al gebruik hadden gemaakt. Een factor die daarbij vooral in Rome een belangrijke rol speelde, was dat gebruiks- en kunstvoorwerpen vanaf de vroege keizertijd (begin van de gebruikelijke jaartelling) in toenemende mate geproduceerd werden in grote ateliers waarin de werkzaamheden zich kenmerkten door een hoge graad aan specialisatie en arbeidsdeling. Dergelijke ateliers overspoelden de markt met kunstvoorwerpen die in grote oplagen en volgens een standaardprocédé werden geproduceerd. Op die manier oefenden dit soort ateliers grote invloed uit op zowel de stijl als op de iconografische types die op een bepaald moment in de hoofdstad van het Romeinse Rijk gangbaar waren. Een dergelijke gang van zaken is vooral waarneembaar bij de volgens massaproduktie gehakte sarcofagen, die men op basis van hun formele en iconografische kenmerken gemakkelijk in groepen kan onderverdelen. Maar ook in het geval van de schilderkunst zijn trends en stijlen waar te nemen die op bepaalde momenten alle andere trends en stijlen verdringen (afb. 35). Zo komt men in de late tweede en in de eerste helft van de derde eeuw zowel in huizen bovengronds als in catacomben ondergronds vaak een schilderstijl tegen waarbij een witte wand met behulp van een rood en groen lijnenstelsel wordt onderverdeeld in kleinere, vaak niet geheel symmetrische

Afb. 35. Rood-groene
lijnenstijl met
strooimotieven (pauw).
Vigna Randanini-
catacombe

vlakken (deze schilderstijl komt bijvoorbeeld veelvuldig voor in de oudste regionen van de Domitilla, Sebastiano en Callisto-catacombe).

Wanneer men zich bewust is van de dominante positie die ingenomen werd door voornoemde ateliers en wanneer men zich aan de andere kant realiseert dat een specifiek vroeg-christelijke iconografie nog niet voorhanden was, maar uit het niets moest worden ontwikkeld, dan wordt ook begrijpelijk waarom de oudste christelijke kunst in de vroegste fase van haar bestaan gekenmerkt wordt door een voortdurende inter-actie tussen klassieke motieven en modellen enerzijds en door een steeds sterker wordende voorkeur voor bijbelse thematie-ken anderzijds. De genese van de vroegchristelijke kunst was een geleidelijk proces waarbij christelijke opdrachtgevers de handwerkslieden van de traditionele ateliers benaderden met het verzoek kunst- en gebruiksvoorwerpen te leveren die zon-der scrupules door christenen konden worden gebruikt. Dat dergelijke handwerkslieden in dit soort gevallen aan de wen-sen van hun opdrachtgevers tegemoet kwamen door gebruik te maken van bestaande types en stijlen, is nauwelijks ver-wonderlijk te noemen. Wat deze oudste christelijke kunst christelijk maakte was niet de vorm, maar de inhoud (of, om nog preciezer te zijn, de betekenis die door christenen aan de zorgvuldig door hen geselecteerde types werd gegeven).

Het is niet gemakkelijk om heden ten dage de criteria te achterhalen waardoor christenen zich lieten leiden bij de keuze van de oud- en nieuwtestamentische thema's die we tegenkomen in de vroegste regionen van de catacomben in de vorm van wandschilderingen en sarcofagen. Wat de the-ma's betreft die al eerder de revue passeerden, valt in het alge-meen op dat de vertellingen die uit beide testamenten gese-lecteerd zijn zonder uitzondering God's almacht alsmede zijn bereidheid om mensen die waarachtig op Hem vertrouwen te illustreren. Of het nou om Jona in de walvis gaat, om het offer van Isaäk, om de drie jongelingen in de vuuroven, of om Daniël in de leeuwekuil, het idee van God's reddende almacht wordt in al deze gevallen telkens opnieuw benadrukt. Dat juist een dergelijk gegeven de eerste christenen, die in de catacomben werden begraven, moet hebben aangesproken, ligt voor de hand (afb. 36).

Verder is kennis van de rol die het begrip *verus Israel* in vroegchristelijk-theologische kring in deze periode begon te spelen in dit verband van belang. *Verus Israel* is een Latijns begrip dat vertaald "het ware Israël" betekent. Met die term gaven vroegchristelijke theologen aan dat zij zichzelf zagen als "het ware Israël," dat wil zeggen als de enige wettige erfgenaam van alle beloftes die God in het Oude Testament aan de Israëlieten c.q. de joden gedaan had. Door zichzelf als "het ware Israël" te presenteren wilden vroegchristelijke theologen aangeven dat het Oude Testament een even integraal bestanddeel van hun geloofsbeleving uitmaakte als het Nieuwe. Een dergelijke continuïteit met het verleden was voor de eerste christenen van groot belang, vooral omdat zij vanuit pagane kring nog al eens het verwijt kregen aanhangers te zijn van een

Afb. 36. Sadrach, Mesach en Abednego in de vuuroven (Daniël 3), symbool van Gods reddende almacht. Jordanorum-catacombe. Tekening uit de tijd van de Contrareformatie.

nieuwe, en daarom van een onrechtmatige godsdienst – een godsdienst die, zoals vooral bleek bij de grote christenvervolgingen – te vuur en te zwaard door vertegenwoordigers van de Romeinse staat werd bestreden. Dat het Oude Testament christenen de nodige theologische aanknopingspunten bood, moge duidelijk zijn. Immers, in verschillende boeken van het Oude Testament is er sprake van een toekomstige Messias alsmede van een lijdende Knecht des Heren (Jesaja 53). Terwijl christelijke theologen steeds meer nadruk op dit soort passages gingen leggen, werd het ook gebruikelijk om in andersoortige passages een voorafbeelding van het lijden en sterven van Christus te zien. Deze benadering waarbij bijvoorbeeld het offer van Isaäk werd gezien als vooraankondiging van de kruisiging van Jezus, is in de vroegchristelijke kunst van de derde eeuw n.Chr. al in aanzet waarneembaar. In de daaropvolgende eeuw wordt deze benadering echter gezichtsbepalend, zoals we nu zullen zien.

De bloeiperiode van de vroegchristelijke kunst (de nieuwtestamentische fase)

In de vierde eeuw n.Chr. veranderde de positie die de vroegchristelijke gemeenschap tot dan toe in de laatantieke maatschappij had ingenomen op fundamentele wijze. Enerzijds werd het Christendom in het Edict van Milaan uit 313 n.Chr. voor het eerst dezelfde rechten toebedeeld als een aantal andere niet-christelijke religies die in het Romeinse Rijk al langer een dergelijke wettelijke bescherming genoten. Anderzijds begonnen steeds grotere groepen zich tot het Christendom te bekeren. Dergelijke ontwikkelingen leidden ertoe dat het laat-Romeinse Rijk in de loop van de vierde eeuw n.Chr. in toenemde mate gechristianiseerd werd. De verheffing van het Christendom tot staatsgodsdienst in 391 n.Chr. kan vanuit christelijke optiek als voorlopig hoogtepunt van deze ontwikkeling worden aangemerkt.

Naarmate het Christendom zich op het maatschappelijke en politieke vlak steeds duidelijker ging profileren en manifesteren, onderging ook de vroegchristelijke kunst op het inhoudelijke vlak een vergaande verandering. Zowel uit wandschilderingen als uit sarcofaagreliëfs blijkt dat er in de vierde eeuw niet langer sprake is van een vroegchristelijke kunst die op selectieve maar weinig exclusivistische wijze gebruik maakt van een vormenrepertoir dan van niet-christelijke origine is. Integendeel, in de vierde eeuw komt een kunst tot ontwikkeling die iconografisch gezien uitgesproken christelijk is. Types die in de derde eeuw n.Chr. zo populair waren geweest, zoals bijvoorbeeld de ramsdrager, verdwijnen dan ook bijna volledig uit het gebezigde repertoire. Ze maken plaats voor scènes waarin geen plaats meer is voor motieven van heidense origine en waarin christelijk gedachtengoed inhoudelijk de toon zet (afb. 37).

Afb. 37. Tronende Christus (*Maiestas Domini*) in mozaïek op de achterwand van een arcosolium-graf in de Domitilla-catacombe. Mozaïekdecoratie komt slechts bij uitzondering voor in de catacomben.

Het zijn wederom de catacomben en met name de sarco-faagreliëfs die ons met gevarieerd beeldmateriaal voorzien en het ons zodoende mogelijk maken de geschiedenis van de vroegchristelijke kunst gedurende deze fase in hoofdlijnen te reconstrueren. Men mag er overigens vanuit gaan dat de beel-dende kunst ook bovengronds vanaf de vroege vierde eeuw de nodige veranderingen heeft ondergaan (in deze periode komt bijvoorbeeld ook de monumentale vroegchristelijke kerk-architectuur tot ontwikkeling), maar helaas zijn we over deze veranderingen vanwege de slechte overleveringstoestand van de monumenten bovengronds slechts gebrekkig geïnformeerd. Voor een reconstructie van de trends die de vroegchristelijke kunst in de vierde eeuw kenmerken, zijn we dus opnieuw aan-gewezen op de vondsten die uit de funeraire sfeer stammen.

De meest effectieve manier om een indruk te krijgen van de transformatie die de vroegchristelijke kunst in de vierde eeuw op iconografisch vlak doormaakte, is het brengen van een bezoek aan de sarcofaagcollectie in het Museo Pio Cristiano (onderdeel van de Vaticaanse musea). Al bij een eerste blik op de vierde eeuwse vroegchristelijke sarcofagen die hier tentoongesteld staan, wordt duidelijk welke verschuivingen er zich in deze periode binnen de vroegchristelijke kunst voor-doen. Aan de ene kant blijkt dat nieuwtestamentische scènes oudtestamentische en religieus neutrale thema's geheel naar de achtergrond beginnen te verdringen. Aan de andere kant valt op dat de figuur van Jezus een steeds centralere plaats gaat innemen in het rangschikken van de uit het Nieuwe Testament geselecteerde thema's. Het lijden van Christus vormt daarbij een thema waarop steeds meer de nadruk wordt gelegd. Door het gebruik van fries- en zuilensarcofagen wordt handwerkslie-den de mogelijkheid geboden om deze nieuwe iconografische thema's op zowel systematische als coherente wijze tot ontwik-keling te brengen.

Hoewel nieuwtestamentische scènes op de vroegchristelijke sarcofagen uit de vierde eeuw steeds meer het iconografisch repertoire gaan overheersen, verdwijnen de oudtestamentische scènes overigens toch niet helemaal. De reden hiervoor is een gevolg van het belang dat in deze tijd in theologische kring aan het begrip typologie werd gehecht. Bij de discussie van de oudtestamentische thema's in de vroegchristelijke kunst van de derde eeuw n.Chr. zagen we al dat in de Late Oudheid het Oude Testament door Christenen werd overgenomen om het Christendom als een religie te kunnen presenteren die over een lange en eerbiedwaardige traditie beschikte. In de vierde eeuw werd deze opvatting verder onderbouwd doordat men bepaalde gebeurtenissen uit het Oude Testament steeds meer als voorafspiegeling van gebeurtenissen in het Nieuwe Testament ging interpreteren. Volgens deze opvatting werd bijvoorbeeld het lijden van Job gezien als voorafspiegeling van het lijden van Christus en het offer van Isaäk als vooraankondiging van de kruisiging van Christus. Op die manier werd het mogelijk het Nieuwe Testament aan het Oude vast te koppelen en beide testamenten tot een onlosmakelijke eenheid met elkaar te verbinden.

De beroemdste vroegchristelijke sarcofaag waarop de zojuist geschetste ontwikkelingen goed zijn waar te nemen, is die van Junius Bassus, een Romeinse hoogwaardigheidsbekleder die op 25 augustus 359 n.Chr. als nieuwgedoopte het tijdelijke voor het eeuwige verwisselde (afb. 38). Zijn in klassieke stijl en in hoogreliëf gedecoreerde sarcofaag is tegenwoordig te bewonderen in het Museo Pio Cristiano. De voorzijde van de sarcofaag is in twee stroken onderverdeeld, waarbij de individuele scènes door zuiltjes van elkaar zijn afgegrensd. In de bovenste zone, in de centrale zuilnis, is een tronende jeugdige Christus afgebeeld die door de apostelen Petrus en Paulus wordt geflankeerd. Onder hem is de buste

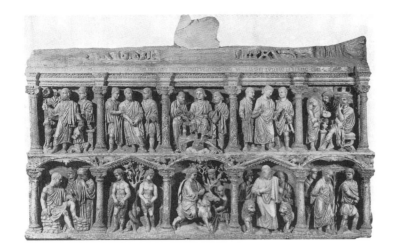

Afb. 38. Voorzijde van de sarcofaag van Junius Bassus die stierf op 25 augustus van het jaar 359 n.Chr. Centraal staat een tronende jeugdige Christus. Christus wordt omgeven door scènes uit zijn eigen leven en door Oudtestamentische scènes die zijn lijden aankondigen (typologie).

van een man te zien die kan worden opgevat als een personificatie van het hemels uitspansel (*Caelus*). Links en rechts van deze centrale scènes treffen we andere scènes aan die enerzijds direct op het leven van Christus betrekking hebben, die echter anderzijds ook oudtestamentische scènes omvatten die typologisch kunnen worden opgevat. Van links naar rechts zien we: het offer van Isaäk, de arrestatie van Petrus, een tronende Christus, de arrestatie van Christus en het oordeel van een zijn handen in onschuld wassende Pilatus (bovenregister) en: Job op de mestvaalt; Adam en Eva naast de boom der kennis van goed en kwaad, de intocht van Jezus in Jeruzalem, Daniël in de leeuwekuil en de arrestatie van Paulus. Op beide zijkanten van de sarcofaag treffen we de vertrouwde idyllische oogstscènes met eroten aan.

Niet alleen bij de sarcofaag van Junius Bassus maar ook bij andere vroegchristelijke sarcofagen uit deze periode valt enerzijds op dat Christus qua formele verschijning doorgaans nog steeds als jeugdige leermeester wordt voorgesteld, maar wordt anderzijds ook duidelijk dat Christus ondanks zijn jeugdige gelaatstrekken qua iconografische indeling en ordening een steeds centralere en dus een steeds belangrijkere plaats gaat innemen. Iets dergelijks is bijvoorbeeld waar te nemen bij de sarcofaag die het inventarisnummer 138 draagt (Museo Pio Cristiano). Op deze zuilensarcofaag die uit de tweede helft van de vierde eeuw n.Chr. stamt, zien we een jeugdige Christus die in het midden (en dus op de belangrijkste plaats) staat afgebeeld en die aan beide zijden door een drietal mannen wordt geflankeerd die boekrollen dragen en die waarschijnlijk apostelen voorstellen. Hun precieze identiteit valt niet meer te achterhalen. Deze sarcofaag waarop oudtestamentische scènes zelfs geheel ontbreken, is een karakteristiek voorbeeld dat aangeeft hoe in de loop van de vierde eeuw n.Chr. in de vroegchristelijke kunst het zwaartepunt steeds meer kwam te liggen op de persoon van Christus (christologie).

In de loop van de vierde eeuw leidde de nadruk die gelegd werd op de persoon van Christus ook tot het ontstaan van een sarcofaaggroep die vanwege de erop voorkomende iconografie doorgaans met de term passie-sarcofagen wordt aangeduid. Deze sarcofagen waarop verschillende aspecten van het lijden van Christus worden afgebeeld, leveren een bewijs voor het nieuwe zelfvertrouwen dat in christelijke kring in deze periode opgeld begon te doen. Aanvankelijk hadden christenen ervan afgezien al te zeer de nadruk te leggen op Christus' kruisdood omdat een dergelijke vorm van executie in de contemporaine Romeins-pagane maatschappij als bewijs van het onwaardige karakter van het Christendom gold. In de vierde eeuw echter, nadat keizer Constantijn in 312 n.Chr. tijdens een beslissende slag bij de Milvische brug in Rome een kruisteken in de lucht had gezien onder begeleiding van de woorden "in dit teken zult gij overwinnen," werd het kruis steeds meer tot een teken dat zowel de essentie als ook de onoverwinnelijkheid van het christelijke geloof ging symboliseren. Op sommige sarcofagen, zoals op de zuilensarcofaag met inventarisnummer

171 (Museo Pio Cristiano), wordt de centrale zuilnis dan ook niet meer ingenomen door Christus, maar door het kruis dat in dit geval met een Christusmonogram of christogram (griekstalige afkorting van de naam van Jezus) getooid is. Deze sarcofaag biedt overigens ook een goed voorbeeld van het type scène dat men op passie-sarcofagen aantreft. Van links naar rechts zien we: Simon van Cyrene die het kruis draagt, vergezeld door een soldaat, een soldaat die geen doornenkroon maar een lauwerkrans (klassiek symbool van overwinning!) op het hoofd van Jezus legt, het kruis met christogram en hurkende soldaten, Christus met een soldaat, en de handenwassing van Pilatus (hij wendt zijn hoofd af).

In de vierde eeuwse kunst zoals die in de catacomben van Rome bewaard is gebleven, zijn dus in aanzet alle elementen aanwezig die we in de vijfde eeuw ook in de monumentale bovengrondse kunst aantreffen. In het absis-mozaïek van de Santa Pudenziana, een laat-vierde, vroeg vijfde-eeuwse kerk in de buurt van de Santa Maria Maggiore, treffen we alle zojuist vermelde thema's aan met dien verstande dat de monumentaliteit van de voorstellingen en het hiërarchisch karakter van het afgebeelde nog geprononceerder naar voren komt dan in de kunst van de catacomben. In het centrum van het mozaïek zetelt een bebaarde Christus met nimbus (stralenkrans). Hij zit op een rijk gedecoreerde troon en bevindt zich op een hoger niveau dan de hem omringende apostelen. Op de achtergrond ziet men een afbeelding van het hemelse Jeruzalem. Boven Christus torent een groot, met edelstenen bezet kruis dat wordt geflankeerd door een symbolische weergave van de vier evangelisten. In dit soort voorstellingen wordt Jezus dus steeds ouder en steeds onbereikbaarder voorgesteld, waarbij gebruik wordt gemaakt van een aantal attributen die uit de keizerlijke iconografie zijn afgeleid. De nimbus, de met edelstenen bezette troon, het gebruik van de kleur purper en de centrale positie die Christus inneemt, het zijn allemaal elementen die in de contemporaine keizerlijke iconografie veelvuldig werden ingezet om de bewust gepropageerde onaantastbaarheid van de keizer te benadrukken.

Met de ontwikkelingen die we zojuist hebben geschetst komt de geschiedenis van de vroegchristelijke kunst zoals die gereconstrueerd kan worden op basis van het materiaal dat in de catacomben van Rome bewaard is gebleven ten einde. Vanaf de vijfde eeuw wordt er steeds minder vaak in de cata- comben begraven, en het archeologisch materiaal dat uit deze periode dateert is in kwantiteit dan ook in geen enkel opzicht te vergelijken met de rijke materiële nalatenschap uit de twee eeuwen daarvoor. Weliswaar worden nog hier en daar wand- schilderingen in de catacomben aangebracht, in het bijzonder rond de graven van martelaren die tot de negende eeuw n.Chr. door pelgrims continu worden bezocht. Bij dit soort schilderingen gaat het echter om geïsoleerde gevallen op basis waarvan men niet langer de geschiedenis van de christelijke kunst in haar totaliteit kan kenschetsen.

Hoewel de vroegchristelijke kunst in de vierde eeuw n.Chr. duidelijke eigen, specifiek christelijke c.q. christologi- sche trekken begon te vertonen en ook in kwantitatief opzicht een duidelijk stempel ging zetten op de kunstproduktie in de stad Rome, betekende dit niet automatisch dat heidense ico- nografische thema's geheel verdwenen. In een relatief kleine catacombe aan de Via Latina die normaliter niet voor het publiek toegankelijk is, en waarin zowel pagane als christelijke doden naast elkaar werden begraven, treffen we een pinaco- theek aan die qua iconografische rijkdom onovertroffen is en waarin we naast oud- en nieuwtestamentische scènes een veel- heid aan pagaan-mythologische motieven aantreffen. Uit der- gelijke wandschilderingen blijkt dat dit pagaan-mythologische gedachtengoed in de late vierde eeuw op een moment dat het Christendom zich al heel tastbaar aan het manifesteren was, nog levend, en misschien nog wel springlevend, was.

Tot slot is de eventuele invloed van de antiek-joodse kunst op de vroegchristelijke kunst niet goed in te schatten. Een aantal geleerden heeft verondersteld dat de vroegchristelijke kunst vooral waar het oudtestamentische scènes betreft deze direct uit door joden geïllumineerde (dat wil zeggen geïllustreerde) bijbels overnam. Een dergelijke hypothese is in ieder geval waar het Rome betreft niet erg waarschijnlijk. Ten eerste kan niet met zekerheid worden vastgesteld of dergelijke door joden geïllumineerde bijbels ooit hebben bestaan. Ten tweede is duidelijk, zoals in dit hoofdstuk al werd uiteengezet, dat de vroegchristelijke iconografie zich wat de belangrijkste typen betreft rechtstreeks uit de pagane ontwikkelde. En ten derde blijkt uit het iconografisch materiaal dat in de joodse catacomben van Rome bewaard is gebleven, dat het voor de joodse gemeenschap in Rome niet gebruikelijk was om hun funeraire kunst door middel van oudtestamentische scènes vorm te geven (over de joodse catacomben, zie appendix). Dergelijke observaties nemen niet weg dat de joodse gemeenschap van Rome, net als de joodse gemeenschappen in andere delen van het late Romeinse Rijk, tot in de vijfde eeuw invloed is blijven uitoefenen op de vroegchristelijke gemeenschappen in hun omgeving, maar die invloed manifesteerde zich in hoofdzaak op andere vlakken.

Veel bronnen informeren ons over de afwisselende gebeurtenissen die hun stempel drukten op een van de oudste christelijke gemeenschappen in Europa. Van al deze bronnen spreken de catacomben ook heden ten dage nog het meest tot onze verbeelding. De prachtige wandschilderingen en de vele zorgvuldige bewerkte sarcofaagresten die in deze catacomben bewaard zijn gebleven, maken duidelijk waarom (afb. 39). Zonder deze archeologische vondsten zou onze kennis van het

Afb. 39. Opwekking van Lazarus. Wandschildering uit de Domitilla-catacombe. Lazarus is geheel in grafdoeken gewikkeld en staande in een grafhuisje weergegeven. Een jeugdige Christus wekt hem tot leven.

Christendom en van de leef- en denkwereld van de eerste christenen beperkt zijn en zouden we ons geen goede voorstelling meer kunnen maken van een wereld waarin de iconografische basis werd gelegd voor een kunst die de artistieke geschiedenis van Europa tot ver in onze eigen tijd zou beïnvloeden.

HOOFDSTUK 4

Korte beschrijving
en praktische gids voor de toegankelijke
vroegchristelijke catacomben

Algemeen

In Rome zijn zo'n zestig catacomben bewaard gebleven. Door
één of meer van de vrij toegankelijke catacomben te bezoeken,
kan men een goede eerste indruk opdoen van verschillende
aspecten die in de voorgaande hoofdstukken aan de orde
zijn geweest. Vooral een bezoek aan de Priscilla-catacombe, de
Domitilla-catacombe, de Sebastiano- of de Callisto-catacombe
is de moeite waard. De eveneens toegankelijke Agnese-catacombe is voor niet-specialisten in het algemeen iets minder
boeiend. Omdat elke catacombe eigen kenmerken, een eigen
geschiedenis en een eigen verschijningsvorm heeft, is het voor
de werkelijke "appassionato" zinvol te overwegen meer dan
één catacombe te bezoeken. Een bezoek aan de Vaticaanse
necropool die zich onder de St. Pietersbasiliek bevindt, is aan
te raden omdat men daar niet alleen een goede indruk krijgt
van de complexe archeologische vondstcontext waarin het graf
van Petrus is teruggevonden, maar ook omdat men er een
typisch tweede eeuwse necropool met klassieke grafhuisjes kan
bezichtigen.

In de voor het publiek opengestelde catacomben worden
in verschillende talen rondleidingen verzorgd waarvoor men
zich ter plaatse kan opgeven (uitzondering: de opgravingen
onder de Sint Pieter, zie onder). Rondleidingen duren gemid-
deld een half uur tot drie kwartier. Het klimaat in de catacomben is redelijk constant, hetgeen betekent dat het er in de

winter redelijk warm (en vochtig) is en in de zomer behoorlijk koel (en vochtig). In die gedeelten van de catacomben die
men tijdens een rondleiding te zien krijgt, is elektrisch licht
aangebracht. Voor mensen die claustrofobisch zijn, is een
bezoek aan de catacomben af te raden. Ook kan de vochtige
en niet altijd zuurstofrijke lucht in de catacomben minder
aangenaam zijn voor mensen met gevoelige luchtwegen.

Indien men één van de catacomben wil bezoeken die niet
voor het publiek zijn opengesteld, dient hiervoor schriftelijk
toestemming te worden aangevraagd bij de Pontificia Com-
missione di Archeologia Sacra, Via Napoleone III, 1, 00185,
Rome, tel 06-446 5610; fax 06-446 7625. De joodse catacomben staan onder curatele van de archeologische dienst en
kunnen slechts bij hoge uitzondering worden bezocht. Indien
men met een groep in één van de vrij toegankelijke catacomben de mis wil vieren, dient men van te voren contact op te
nemen met degene die voor de desbetreffende catacombe verantwoordelijk is (voor telefoonnummers, zie onder).

In het hieronder staande overzicht wordt per vrij toegankelijke catacombe praktische informatie gegeven alsmede een
kort overzicht van de belangrijkste archeologische vondsten
die in de desbetreffende catacombe te bewonderen zijn. Daarbij wordt terugverwezen naar de thema's en vraagstukken die
in de vorige hoofdstukken aan de orde zijn geweest. Wat de
genoemde openingstijden betreft, dient men overigens rekening te houden met het feit dat deze soms plotseling kunnen
veranderen om redenen die alleen de lokale sleutelbewaarders
kunnen bevatten (afb. 40).

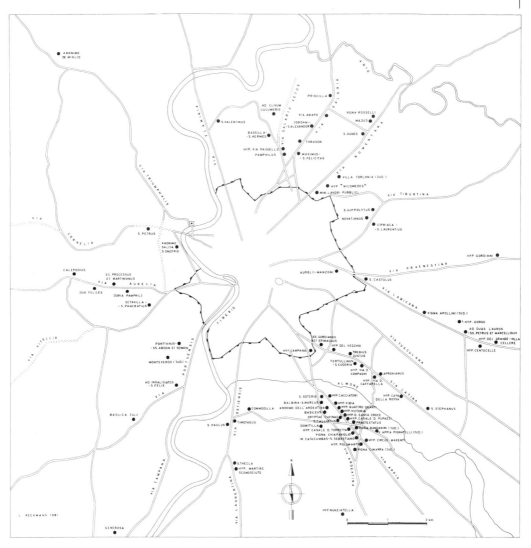

Afb. 40. Plattegrond van Rome en omgeving met indicatie van de antieke uitvalswegen en locatie van de belangrijkste catacomben.

Informatie op het Internet (stand voorjaar 1999)

Een overzichtelijk internetsite over de catacomben is te vinden op het internet-adres http://www.catacombe.roma.it. Deze site kan in een aantal talen, waaronder ook het Nederlands, worden geraadpleegd. Naast een aantal kleurenfoto's bevat de site overzichtelijk gepresenteerde informatie over verschillende aspecten van het catacombenwezen. De geboden informatie weerspiegelt niet altijd de meest recent stand in het wetenschappelijk onderzoek naar de catacomben. De site biedt vooral gedetailleerde informatie over de Callisto-catacombe (in de vorm van een algemene en een gedetailleerde beschrijving). De site richt zich uitdrukkelijk tot pelgrims en bevat de tekst van een toespraak van Paus Johannes Paulus II over het belang van de catacomben alsmede gebedsteksten voor de jubileumindulgentie. De site bevat ook een tweetal quizzen met behulp waarvan men zijn of haar kennis op catacombengebied kan testen.

Op de officiële meertalige site die ter gelegenheid van het Jubileum is ingericht (http://www.jubil2000.org/) is eveneens informatie over de catacomben te vinden, zij het in veel beknoptere en niet altijd even overzichtelijk vorm. Vooral interessant is een aantal korte filmfragmenten met beelden van de catacomben (http://www.jubil2000.org/catacombe/catacombe.it.html).

CALLISTO-CATACOMBE

Adres: Via Appia Antica 110. Openingstijden 8.30 tot 12.00 en 14.30 tot 17.30 uur. Gesloten op woensdag en in februari. Tel. 06-5136725. Fax 06-51301567.

Bereikbaarheid: bus 218 (vertrek van de Piazza S. Giovanni in Laterano, alwaar Metro Linea A, station San Giovanni). Uitstappen ter hoogte van het kerkje Domine Quo Vadis? (op het punt waar de Via Ardeatina van de Via Appia Antica aftakt) en vervolgens te voet het tussen Ardeatina en Appia gelegen hek door de geasfalteerde weg op die door de weilanden in ongeveer 10 minuten te voet naar de ingang van de catacombe leidt (prachtig uitzicht op de Aureliaanse stadsmuur en de Porta San Sebastiano). Men kan de catacombe via deze weg ook met de auto bereiken. Parkeergelegenheid bij de catacombe.

Andere mogelijkheid: met het openbaar vervoer naar de Sebastiano catacombe en vervolgens te voet naar Callisto over de Via Appia of (beter) via de achteringang die gelegen is aan de Via Appia Antica, direct naast de Via delle Sette Chiese (ongeveer 5 minuten te voet).

Rondleiding omvat: de oudste regio van de catacombe waaronder de crypte der pausen (zie hoofdstuk 1 en 2), de crypte van Santa Cecilia, de Sacramentskapellen (hoofdstuk 3) en het cubiculum van paus Eusebius.

Beschrijving: De Callisto-catacombe geldt als de christelijke catacombe par excellence. In de vroege derde eeuw werd in deze catacombe door de diaken Calixtus een gangennet aangelegd dat specifiek bedoeld was om de minder draagkrachtige leden van Rome's vroegchristelijke gemeenschap te begraven (zie hoofdstuk 2). Daarnaast diende de Callisto-catacombe ook lange tijd als begraafplaats van de pausen. De crypte waarin zij begraven lagen, werd, net als een aantal andere zich in de catacombe bevindende pausgraven, door de Rossi in de negentiende eeuw herontdekt (zie hoofdstuk 1). De catacombe is ook bekend omdat paus Sixtus II er in 258 n.Chr. tijdens een christenvervolging door Romeinse soldaten onthoofd werd, hetgeen later aanleiding gaf tot het ontstaan van de mythe dat de catacomben door de eerste christenen als vlucht- en schuilplaatsen werden gebruikt (zie ook hoofdstuk 1).

Archeologisch gezien doet de Callisto-catacombe sterk aan de Domitilla- en Sebastiano-catacombe denken (zie onder). Ze bevindt zich onder een terrein waarop zich bovengronds grafhuizen bevonden die in tweede instantie onderaards werden uitgebreid (hoofdstuk 2). Deze uitbreidingen vormen de kern van een catacombe die vooral in de vierde eeuw tot enorme omvang zou uitgroeien. De catacombe (afb. 41) werd op vier niveaus onder elkaar in de tuf uitgehakt. Tezamen beslaan deze gangen een lengte van zo'n twintig km.

Afb. 41. Callisto-catacombe. Maalscène (*refrigerium*) met zeven deelnemers die aan een halfronde tafel aanliggen. Dit uit de pagane wereld afkomstige thema werd vroeger als eucharistisch maal geïnterpreteerd.

De "crypte van de pausen" behoort tot de oudste kernen van de catacombe en kan bereikt worden via een vestibule waarin graffiti van pelgrims te zien zijn – een bewijs voor het feit dat deze crypte tot één van de meest populaire catacombale bedevaartsoorden behoorde. De crypte zelf bestond oorspronkelijk uit een viertal sarcofaagnissen en een twaalftal loculi, waarin zowel een aantal pausen uit de periode van 235 tot 283 n.Chr. (onder wie de al eerder vermelde Sixtus II) als bischoppen werden bijgezet. Bijzonder prominent is de inscriptie die paus Damasus hier in de late vierde eeuw liet aanbrengen. De monumentalisering van de crypte waarbij twee zuilen met spiraalvormige cannelures en een architraaf (dwarsbalk) alsmede marmeren hekwerk werd aangebracht, geschiedde in dezelfde periode.

Andere vroege kernen treft men in de omgeving van de crypte der pausen aan. Zo bestaat er een ruimte waar volgens de traditie de heilige Caecilia begraven was en die in directe verbinding met de crypte der pausen staat. In de nabijheid van de crypte der pausen bevindt zich eveneens een cyclus van zes cubicula die als de "Sacramentskapellen" bekend staan en die vooral interessant zijn vanwege hun wandschilderingen die alle tot de oudtestamentische fase van de vroegchristelijke kunst behoren (zie hoofdstuk 3). De afgebeelde scènes omvatten drie episoden uit het verhaal van Jona, het verhaal van Noach, het offer van Isaäk, Mozes die water uit de rots te voorschijn doet komen, de doop van Christus, de genezing van een verlamde, de wederopstanding van Lazarus, en Jezus en de Samaritaanse vrouw.

De lange onderaardse gangen waar de Sacramentskapellen op uitkomen, staat bekend als Area I. Dit gedeelte wordt geïdentificeerd als het onder Calixtus gebouwde gemeentekerkhof (zie hoofdstuk 2). Het bestaat uit langgerekte, systematisch aangelegde gangen die zodanig met wandgraven zijn uitgerust dat dit deel van de catacombe tot begraafplaats voor grote groepen mensen kon dienen.

In andere regio die niet ver van de Area I verwijderd is, treffen we de graven van paus Eusebius (door Damasus gecommemoreerd in een inscriptie) aan (310-311 n.Chr.) en een serie verdere cubicula met wandschilderingen van een paradijstuin (idyllisch), de goede herder (bucolisch) en verschillende oud- en nieuwtestamentische scènes die in hun combinatie kenmerkend zijn voor de vroegchristelijke kunst in de derde eeuw n.Chr. (hoofdstuk 3). In deze zone vond de Rossi een inscriptie uit de vroege vierde eeuw n.Chr. waarop voor het eerst de term paus (papa, letterlijk vader) wordt gebezigd.

De vierde eeuwse fase treft men een stuk verderop aan, in een regio die vernoemd is naar paus Liberius (352-366 n.Chr.) met wandschilderingen van onder andere de wonderbare spijziging, de opwekking van Lazarus en een afbeelding van een bebaarde Christus met nimbus.

De zogenaamde "crypte van Lucina" bevindt zich in een apart gedeelte van de catacombe, nabij de Via Appia Antica. Hier werd paus Cornelius in 253 n.Chr. begraven. Zijn grafinscriptie die werd opgesteld door paus Damasus, werd in de negentiende eeuw door G.B. de Rossi teruggevonden. De crypte van Lucina is vooral interessant vanwege de schilderingen die men hier aantreft en die behoren tot de oudste vroegchristelijke wandschilderingen die zijn overgeleverd (zie hoofdstuk 3). De schilderingen omvatten een beroemde afbeelding van een vis met een korf erop, een Jona-cyclus, twee goede herders, twee oranten (biddende figuren), Daniël in de leeuwekuil, de doop van Christus en een mogelijke verwijzing naar de eucharistie.

SEBASTIANO-CATACOMBE

Adres: Via Appia Antica 132. Openingstijden 8.30 tot 12.00 en 14.30 tot 17.30 uur. Gesloten op donderdag en in december. Tel. 06-7887035.

Bereikbaarheid: bus 660 (vertrek o.a. van het Largo dei Colli Albani te bereiken met Metro Linea A, station Colli Albani). Uitstappen bij de catacombe. Beperkte mogelijkheid tot parkeren bij de catacombe.

Rondleiding omvat: een aantal gangen, meestal op de tweede niveau, een bezoek aan de Piazzuola met heidense grafhuizen waaronder dat van Clodius Hermes (zie hoofdstuk 2) alwaar ook een wand met graffiti van pelgrims.

Beschrijving: De Sebastiano-catacombe is de enige catacombe waarvan het bestaan ook na de negende eeuw nooit in vergetelheid geraakt is (zie hoofdstuk 1). De naam "catacombe" was aanvankelijk een topografische benaming (*ad catacumbas*) die uitsluitend betrekking had op het terrein waar de Sebastiano-catacombe tot ontwikkeling kwam. Pas later werd deze term generiek en op alle onderaardse begraafplaatsen van het catacombale type van toepassing. De toevoeging Sebastiano komt voort uit het feit dat in deze catacombe Sebastiaan begraven ligt – een vroegchristelijke heilige die onder keizer Diocletianus (284-305) de marteldood stierf.

De Sebastiano-catacombe is in vele opzichten vergelijkbaar met de andere grote catacomben in dit gebied. Het is een catacombe van enorme omvang met een gangennet dat zich tot op vier niveaus onder elkaar uitstrekt. Oorspronkelijk echter bestond de catacombe uit een aantal pagane hypogea die los van elkaar in de tuf waren uitgegraven en die pas in tweede instantie door middel van ondergrondse gangen met elkaar werden verbonden (zie hoofdstuk 2). In dit opzicht vooral interessant is de indrukwekkende in rood-groene lijnenstijl beschilderde "Villa Piccola," die men bij een regulier bezoek doorgaans helaas niet te zien krijgt. Deze preëxistente pagane hypogea bevonden zich in een gebied dat gekenmerkt werd door de aanwezigheid van pozzolaan-groeven (zie hoofdstuk 2).

Een goede indruk van de pagane hypogea kan men krijgen bij een bezoek aan de zogenaamde "Piazzuola" – een pleintje met drie in oorsprong bovengrondse pagane grafgebouwen-hypogea, waaronder dat van Clodius Hermes (het meest linkse van de drie; zie hoofdstuk 2). Het middelste hypogeum behoorde toe aan de familie van de *Innocentiores* en is van belang omdat het een graffito met de term *Ichtus* bevat (zie hoofdstuk 3). Het grafgebouw van Clodius Hermes werd in tweede instantie gechristianiseerd door toevoeging van nieuwtestamentische scènes op de façade (over de identificatie van deze scènes zijn de meningen verdeeld). Tezamen leveren deze grafgebouwen een bewijs voor de tweede eeuwse trend bovengrondse grafgebouwen door middel van ondergrondse grafkamers uit te breiden (zie hoofdstuk 2) en van het proces van christianisering (hoofdstuk 3). Bij de Piazzuola vindt dit proces ook zijn neerslag in een aantal vroegchristelijke graven dat zich naast genoemde mausolea bevindt en dat vroegchristelijke inscripties bevat (met vis en anker, zie hoofdstuk 3).

Rond het midden van de derde eeuw werd de Piazzuola toegedekt om zeven meter hoger een ruimte te creëren voor een aantal gebouwtjes die gewijd waren aan de nagedachtenis van de apostelen Petrus en Paulus. Hoewel Petrus oorspronkelijk op de Vaticaan-heuvel en Paulus langs de Via Ostiense begraven was, is het denkbaar (maar geenszins zeker) dat hun stoffelijke overblijfselen (of een deel ervan) tijdens de christenvervolgingen van de derde eeuw tijdelijk werden ondergebracht op voornoemde plek. In één van de gebouwtjes die in deze periode boven de Piazzuola werden gebouwd, waren mogelijk de relieken van Petrus en Paulus ondergebracht; in een ander, de zogenaamde *Triclia*, vonden waarschijnlijk *refrigeria* (funeraire banketten) plaats. De meer dan 600 graffiti waarin Petrus en Paulus worden aangeroepen en die op de wanden van de *Triclia* waren aangebracht (tegenwoordig ter plaatse te bewonderen achter plexiglas) tonen het belang van deze plaats in de geloofsbeleving van de vroegchristelijke gemeente aan (afb. 42).

In de vroege vierde eeuw werd boven deze aan Petrus en Paulus gewijde plaats een basiliek gebouwd die in de daarop volgende jaren als *basilica apostolorum* (en later ook als S. Sebastiano) ging dragen. Deze basiliek had primair een funeraire functie, hetgeen blijkt uit de vele mausolea die tegen deze kerk aan werden gebouwd alsmede de vele graven die in tweede instantie in de vloer van de basiliek werden aangebracht (de oorspronkelijke basiliek was groter dan de huidige

Afb. 42. Sebastianocatacombe. Graffiti achtergelaten door pelgrims op de plaats waar de stoffelijke resten van de apostelen Petrus en Paulus enige tijd begraven waren.

die uit de zeventiende eeuw stamt). De grote uitbouw van de Sebastiano catacombe geschiedde in de periode nadat Sebastiaan hier in de zogenaamde "crypte van Sebastiaan" begraven werd. In tweede instantie werd deze crypte voor pelgrims toegankelijk gemaakt (ingangs- en uitgangstrap, zie hoofdstuk 2) en door middel van een *lucernarium* verbonden met de kerk erboven (tegenwoordig weer afgesloten).

In de Sebastiano-catacombe zijn bij een bezoek in het algemeen minder wandschilderingen dan in de Domitilla en Callisto-catacombe te zien (o.a. Jona-cyclus, zie hoofdstuk 3). Dit is een gevolg van het feit dat de catacombe altijd toegankelijk is geweest en de oorspronkelijke archeologische vondstcontext in veel delen van de catacombe als gevolg van deze toegankelijkheid verstoord is geraakt. Interessant is een klein museum met sarcofaag- en inscriptieresten dat men aandoet voordat men in de catacombe afdaalt. De beroemde Lotsarcofaag staat in een cubiculum dat bij een regulier bezoek helaas niet wordt aangedaan.

DOMITILLA-CATACOMBE

Adres: Via delle Sette Chiese 282. Openingstijden: 8.30-12.00 en 14.30-17.00 uur; op dinsdag gesloten. Tel. 06-5110342. Fax 06-5135461.

Bereikbaarheid: bus 218 (vertrek van de Piazza S. Giovanni in Laterano, alwaar metrostation Linea A, halte San Giovanni). Uitstappen bij de Fosse Ardeatine en dan te voet naar de ingang aan de Via delle Sette Chiese.

Rondleiding omvat: de basiliek van Achilleus en Nereus (vierde eeuw n.Chr.); het hypogeum van de Flavii (late tweede eeuw n.Chr.) en een ondergronds gedeelte met wandschilderingen uit de derde en vierde eeuw n.Chr.

Beschrijving: De Domitilla-catacombe werd in de zestiende eeuw ten tijde van Bosio ontdekt (Bosio legde bij een bezoek bijna het loodje). G.B. de Rossi herontdekte de catacombe in de negentiende eeuw en deed er uitgebreid onderzoek (hoofdstuk 1).

De Domitilla-catacombe is één van de grootste en meest indrukwekkende catacomben in de omgeving van Rome met meer dan 15 km aan gangen en een indrukwekkende collectie wandschilderingen. De naam van de catacombe is afgeleid van een inscriptie waaruit blijkt dat het terrein waaronder de catacombe ontstond aan de Domitilla-familie moet hebben toebehoord. Het is denkbaar, alhoewel niet geheel zeker, dat sommige leden van de Domitilla-familie zich al vroeg tot het Christendom hebben laten bekeren. In laatantieke bronnen stond de catacombe overigens ook bekend als de catacombe van de heilige Achilleus en Nereus en van de heilige Petronilla. Genoemde heiligen lagen in deze catacombe begraven.

De Domitilla-catacombe bevindt zich onder een terrein waarop al in de pagane Oudheid werd begraven. De catacombe zelf vond haar oorsprong in een zevental privé-hypogea die elk via een eigen trap toegankelijk waren en die genoemd zijn naar de personen of families aan wie deze onderaardse familiegraven toebehoorden. Deze onderaardse ruimtes ontstonden in de loop van de tweede en vroege derde eeuw n.Chr. als pagane begraafplaatsen. Eén van de bekendste pagane hypogea is het zogenaamde "hypogeum van de Flavii." De naam van dit hypogeum is gebaseerd op een fragmentarische inscriptie die ter plaatse door G.B. de Rossi werd ontdekt en die door hem werd gereconstrueerd als verwijzende naar de familie van de Flavii. De Rossi identificeerde deze Flavii met een hooggeplaatste Romeinse familie waarvan sommige leden zich in de late eerste eeuw mogelijk tot het Christendom hadden laten bekeren.

Het "hypogeum van de Flavii" wordt gevormd door een lange brede gang met nissen voor sarcofagen aan weerszijden. Het ingangsdeel van het hypogeum is uit baksteen opgemetseld, met aan de linkerzijde een overdekte, met zitbanken en waterput uitgeruste ruimte die mogelijk diende ter viering van banketten (afb. 43). Zulke banketten werden ter ere en nagedachtenis van de doden georganiseerd (de zogenaamde *refrigeria*). Rechts bevind zich het "cubiculum van Amor en Psyche" met derde eeuwse wandschilderingen die de populariteit van idyllische en bucolische thema's illustreren (zie hoofdstuk 3). Op de wanden van het hypogeum bevinden zich belangrijke derde eeuwse wandschilderingen bestaande uit rode en groene lijnen op een wit fond. Deze schilderingen werden in tweede instantie gechristianiseerd door het toevoegen van oudtestamentische scènes waaronder Daniël in de leeuwekuil en Noach (zie hoofdstukken 2 en 3).

Afb. 43. Domitilla-catacombe. Waterput bij de ingang van de regio der Flavii. Dergelijke waterputten dienden ter ondersteuning van de *refrigeria* (dodenmaaltijden).

In de vierde eeuw werden rond voornoemde pagane hypogea op grote schaal gangen uitgegraven waarbij deze pagane hypogea werden geïntegreerd in een uitgebreid netwerk van onderaardse gangen. In deze periode waarin het gangennet onder het Domitilla-grondstuk tot ware catacombe werd uitgebouwd, ontstonden vier ondergrondse niveaus, waarvan het tweede niveau of verdieping het oudste is.

De Domitilla-catacombe bevat een naar verhouding groot aantal belangrijke wandschilderingscycli uit zowel de derde (oudtestamentische fase) als de vierde eeuw n.Chr. (nieuwtestamentische fase, zie hoofdstuk 3). Verder van belang zijn de wandschildering (en het cubiculum) van een *fossor* die de naam Diogenes droeg, alsmede de wandschildering die Christus temidden van heiligen en temidden van zijn apostelen toont (christologische tendens, zie hoofdstuk 3).

De aan de heiligen Acchileus en Nereus gewijde basiliek stamt in haar huidige vorm uit de late vierde eeuw n.Chr. en is gedecoreerd met archeologisch vondstmateriaal dat in de catacombe ontdekt is, waaronder ook de fragmenten van een door Damasus aan deze heiligen gewijde inscriptie (zie hoofdstuk 2). Acchileus en Nereus waren martelaren die tijdens de christenvervolgingen tijdens de regering van Diocletianus (284-305) om het leven kwamen. Hun grafkamer, die zich bevond op de plaats waar nu de absis van de basiliek te vinden is, werd net zoals andere catacombengangen en grafkamers in dit deel van Domitilla gedeeltelijk weggehakt om plaats te maken voor de drieschepige basiliek.

In de buurt van deze basiliek bevindt zich ook het cubiculum met de wandschildering waarop Veneranda door de Petronilla het paradijs wordt ingeleid (de hagiografie beschouwd Petronilla als dochter van Petrus; op een ter plaatse geschilderde inscriptie wordt zij met de term martelaar aangeduid). Dit cubiculum maakt deel uit van een geprivilegieerde zone *retro sanctos* waar veel grote cubicula te vinden zijn (zie hoofdstuk 2).

PRISCILLA-CATACOMBE

Adres: Via Salaria 430. Openingstijden: 8.30 tot 12.00 en 14.30 tot 17.00 uur. Gesloten op maandag en in januari. Fax. 06-86206272.

Bereikbaarheid: bus 56 (vertrek o.a. vanaf Piazza Venezia), 57 (vertrek o.a. vanaf Stazione Termini) en 319 (stazione Termini). Uitstappen nabij Piazza Priscilla.

Rondleiding omvat: rondtocht door de gangen van het bovenste niveau met bezoek aan de Capella Greca.

Beschrijving: De Priscilla-catacombe is één van de oudste catacomben die in Rome gevonden zijn en een bezoek zeker waard. Reeds de vroegmiddeleeuwse itineraria (zie hoofdstuk 1) maken veelvuldig melding van de Priscilla-catacombe en van de vele heiligen en pausen die in deze catacombe begraven lagen.

De Priscilla-catacombe strekt zich op twee niveaus onder het aardoppervlak uit. De catacombe ontstond in een reeds bestaand net van onderaardse gangen die als zodanig te herkennen zijn door hun grote breedte en hun enigszins bolle vorm (kenmerkend voor waterkanalen, zie hoofdstuk 2). Ook in deze catacombe zijn weer verschillende kernen te onderkennen die pas in tweede instantie door middel van langgerekte gangen met elkaar werden verbonden. De Priscilla-catacombe vertoont dus alle eigenschappen die voor een vroege catacombe kenmerkend zijn: een bovengrondse necropool (waarover maar weinig archeologisch gegevens ter beschikking staan) die onderaards werd uitgebreid en die lag in een gebied waar al van oudsher steen- en tufgroeven te vinden waren (deze *arenaria* zijn goed te zien direct na het betreden van de catacombe).

Eén van de in totaal vijf kernen diende als begraafplaats voor de familie van de *Acilii*. Uit een inscriptie die in dit deel van de catacombe gevonden is, blijkt dat één van de leden van deze senatoriale familie Priscilla heette. Het is denkbaar dat deze Priscilla eigenares was van het grondstuk waaronder later de naar haar vernoemde catacombe zou ontstaan.

Wat de oudste regio's van de Priscilla-catacombe betreft, is vooral de zogenaamde "Capella Greca" (afb. 44) of Griekse kapel beroemd (zo genoemd op basis van een tweetal Griekse inscripties die ter plaatse werden gevonden). De Capella Greca maakt deel uit van een regio die bekend staat onder de naam *cryptoporticus* (letterlijk verborgen c.q. ondergrondse

Afb. 44. Priscilla-catacombe. Capella Greca met verschillende oudtestamenti-sche scènes en uitbeelding van een dodenmaal.

zuilengang), een naam die door latere onderzoekers aan deze regio gegeven is naar aanleiding van haar verschijningsvorm (namelijk een gemetselde ondergrondse zuilengang die funeraire doeleinden diende). Uit onderzoek is gebleken dat ook in deze zone bij de uitbouw van de catacombe van preëxistente cisternen gebruik werd gemaakt. In deze met zitbanken omgeven onderaardse ruimte is een aantal wandschilderingen te zien die uit de oudtestamentische fase stammen en die op een rood door stukwerk geflankeerd fond zijn aangebracht (zie hoofdstuk 3). Op de achterwand, boven de centrale absis is verder een beroemde wandschildering te vinden met als thema een *fractio panis* (het breken van het brood). Op deze schildering staan zeven personen afgebeeld die rond een tafel zitten waarop een drinkkelk en een bord met vissen zijn weergegeven. Links en rechts van de tafel staan manden met brood. Het gaat hier om de uitbeelding van een maal (dodenmaal, eucharistisch of hemels maal?) waarbij een toespeling op de wonderbare spijziging onmiskenbaar is. Zowel de wandschilderingen als de aanwezige zitbanken suggereren dat hier *refrigeria* werden gevierd.

De Capella Greca is echter ook interessant vanwege de andere wandschilderingen die erin voorkomen en die de oudtestamentische fase van de vroegchristelijke kunst op treffende wijze illustreren. Onder de afgebeelde scènes komt men tegen: Mozes die water uit de rots slaat, Suzanna en de oudsten, de drie jongelingen in de vuuroven, het offer van Isaäk, Daniël in de leeuwekuil en Noach in de ark. De nieuwtestamentische scènes die men tegenkomt omvatten de genezing van een verlamde, de opwekking van Lazarus en de aanbidding van Jezus door de drie wijzen uit het Oosten.

Een andere vroege regio in Priscilla, die in een verlaten arenarium werd aangelegd, is interessant vanwege een wandschildering van Madonna met kind en profeet (er is wel gesuggereerd dat het om de profeet Balaam gaat) en een tweede wandschildering die de annunciatie uitbeeldt. De datering van deze wandschilderingen is niet geheel zeker, maar de aanwezigheid van een "Goede Herder" (in stuc), van Jona en van idyllisch-bucolische motieven zoals vogels en florale motieven, doet een vroege, derde eeuwse datering waarschijnlijk lijken (zie hoofdstuk 3).

Niet ver van deze wandschilderingen bevindt zich het midden tot laat derde eeuwse "Cubiculum van de *velatio*" met in een arcosolium de geschilderde afbeelding van een vrouw in bidhouding (herkenbaar aan de opgeheven armen, de zogenaamde oranten-houding) die een hoofddoek draagt. Links van deze schildering bevindt zich een afbeelding van dezelfde vrouw tijdens de huwelijksceremonie die door een oude bischop wordt voltrokken (het Latijnse *velare* betekent "met een mantel omhullen"). Ter rechterzijde is nogmaals dezelfde vrouw afgebeeld, dit maal zittend met kind (vroeger als Madonna met kind geïnterpreteerd). In dit cubiculum komt men verder nog een aantal wandschilderingen tegen die kenmerkend zijn voor de oudtestamentische fase van de vroegchristelijke kunst (zie hoofdstuk 3) waaronder de drie jongelingen in de vuuroven, het offer van Isaäk en Jona in de walvis. Op het plafond van dit cubiculum is een ramsdrager c.q. goede herder in bucolisch-idyllische setting bewaard gebleven.

Opvallend in Priscilla zijn tot slot de lange onderaardse gangen die met talloze loculi zijn uitgerust en die, vooral op niveau twee, zijn uitgehakt volgens het visgraatsysteem (zie hoofdstuk 2).

AGNESE-CATACOMBE

Adres: Via Nomentana 349. Openingstijden: 9.00 tot 12.00 en 16.00 tot 18.00 uur. Gesloten op zondag en op maandag-middag. Tel. 06-86205456. Fax. 06-8610840.

Bereikbaarheid: bussen 36 (stazione Termini), 60 (vertrek o.a. van piazza Venezia), 137 (Via XX Settembre). Uitstappen op de Via Nomentana ter hoogte van de Via San Agnese.

Rondleiding omvat: een tocht door een serie onderaardse gangen.

Beschrijving: De Agnese-catacombe bevindt zich onder een in origine vierde eeuwse kerk en is via deze te bereiken na het afdalen van een trap die versierd is met inscripties die uit de catacombe stammen. De catacombe draagt de naam van Agnes, een Romeins meisje dat de tijdens een van de chris-tenvervolgingen in de derde eeuw n.Chr. de marteldood stierf. Zij werd door Damasus gecommemoreerd (inscriptie langs de trap die naar de narthex van de kerk leidt). De Agnese-catacombe ontstond onder een terrein waar in de Oudheid voor het ontstaan van de catacombe bovengronds begraven werd. Dankzij recente opgravingen is duidelijk geworden dat in deze pagane bovengronds mausolea zowel crematie- als inhumatiegraven te vinden waren (zie hoofdstuk 2). Veel van dit pagane funeraire bouwmateriaal werd in tweede instantie in regio IV van de catacombe hergebruikt (afb. 45).

De catacombe zelf bestaat uit een viertal regio's, waarvan alleen regio I vroeg is en uit de derde eeuw n.Chr. stamt. De verschillende regionen hebben gemeen dat wandschilde-ringen bijna geheel ontbreken. De inscripties die wel op verschillende plaatsen in de catacombe bewaard zijn gebleven,

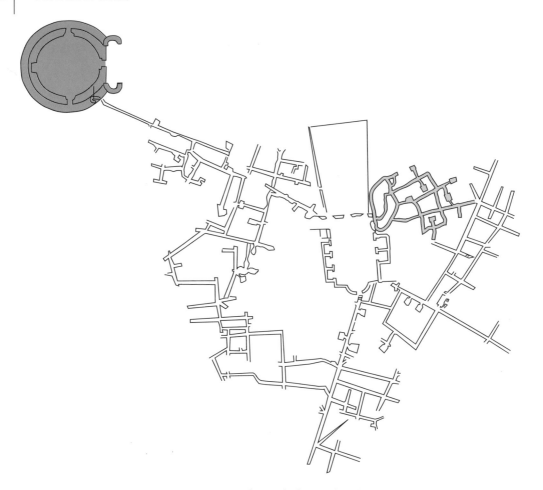

Afb. 45. Plattegrond van de
Agnese-catacombe met de
Area I (blauw) en,
bovengronds, de basiliek van
de heilige Agnes (geel) en de
mausoleum van Constanza
(oranje).

vormen een des te belangrijker bron van informatie (zie ook Appendix II). Daarnaast is in de catacombe een groot aantal grafgiften gevonden, die ten dele in de catacombe zelf en ten dele in de Vaticaanse musea (zie onder) te zien zijn.

De heilige Agnes lag waarschijnlijk begraven in een deel van de catacombe dat later in de vierde eeuw n.Chr. bij de bouw van een grafbasiliek werd verwoest (een vergelijkbare situatie als in Domitilla bij de basiliek van Achilleus en

Nereus). Achter dit deel bevindt zich een regio met een grote concentratie van eenvoudige graven – een voorbeeld van de gewoonte zich zo dicht mogelijk bij een martelaar te laten begraven (hoofdstuk 2).

Bij een bezoek aan de Agnese-catacombe verdient het aanbeveling teven de de nabijgelegen Santa Costanza aan te doen. Deze vierde eeuwse, als keizerlijk mausoleum geplande centraalbouw bevat belangwekkende laat-antieke mozaïken met onder andere oogstscènes.

VATICAANSE NECROPOOL

Adres: Ufficio Scavi della Reverenda Fabbrica di S. Pietro, dat zich aan de linkerzijde van de St. Pietersbasiliek bevindt. Dit Ufficio, een klein kantoortje, is te bereiken door langs de Zwitserse garde te stappen (die wil weten waar u naar toe gaat) en dan rechts aan te houden. Om de Vaticaanse necropool te kunnen betreden dient men een geschreven verzoek in genoemd Ufficio in te dienen. Ter plaatse zijn voorgedrukte formulieren verkrijgbaar. Men kan de opgravingen onder het Vaticaan dan doorgaans pas op de dag nadat men de aanvraag gedaan heeft, bezoeken.

Bereikbaarheid: o.a. met bus 64 (vanaf stazione Termini) of met Metro Linea A, station Ottaviano en dan te voet.

Rondleiding omvat: bezoek aan de heidense necropool onder de St. Pieter en aan het graf van de apostel Petrus.

Beschrijving: Onder de majestueuze St. Pietersbasiliek bevinden zich twee onderaardse complexen op twee verschillende niveaus. Het eerste onderaardse niveau wordt gevormd door de *sacre grotte vaticane* die vanuit de St. Pieter te betreden zijn en die een aantal kapellen met verschillende Madonna's en de graftombes van verschillende pausen bevatten. Onder die ruimtes bevindt zich, op een lager niveau, de Vaticaanse necropool die via een zij-ingang van de St. Pieter (zie boven) te betreden is (afb. 46).

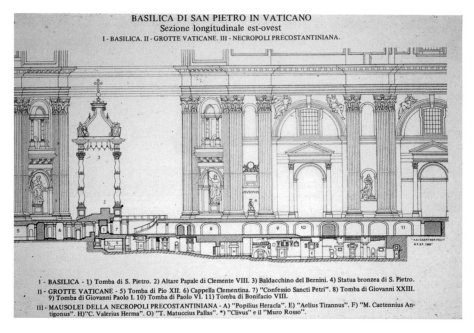

Afb. 46. Doorsnede van de opgravingen onder de St. Pieter. Op het bovenste niveau de St. Pietersbasiliek, daaronder de *sacre grotte vaticane*, daaronder de heidense en vroegchristelijke necropool met resten van het graf van Petrus.

De Vaticaanse necropool stamt uit de eerste en tweede eeuw n.Chr. Deze necropool is enerzijds interessant als voorbeeld van de tweede eeuwse overschakeling van crematie naar inhumatie. Anderzijds levert deze necropool een goed bewijs voor de adaptatie c.q. christianisering van bestaande grafhuizen (zie hoofdstuk 2).

De Vaticaanse necropool bestaat uit een in oorsprong bovengrondse straat die aan beide zijden door bovengrondse grafhuizen of mausolea werd geflankeerd (bij de bouw van de St. Pietersbasiliek onder keizer Constantijn werden deze grafhuizen volgestort en dienden ze ter versteviging van het fundament van deze vroegchristelijke basiliek). De grafhuizen aan de zuidzijde van de straat bevatten op vloernivea arcosolia voor lijkbegraving en op de wanden ruimtes om crematie-urnen op te stellen. Dergelijke ruimtes voor grafurnen zijn daarentegen bijna geheel verdwenen in de grafhuizen aan de noordzijde van deze grafstraat, hetgeen een iets latere fase in de verschuiving van lijkverbranding naar lijkbegraving documenteert (hoofdstuk 2).

Uit inscripties blijkt dat individuele christenen zich tegen het eind van de derde eeuw n.Chr. in verschillende grafhuizen van deze pagane necropool lieten begraven. De christianisering van bestaande grafmonumenten is vooral goed zichtbaar in mausoleum M dat aan de familie van de *Julii* toebehoorde. Dit van oorsprong pagane grafmonument werd gechristianiseerd door toevoeging van een aantal iconografische thema's die kenmerkend zijn voor de vroegste fase van de vroegchristelijke kunst: Jona, een ramsdrager en een visser (bucolische en maritieme thema's), het geheel door wijnranken omringd. Op het gewelf van dit grafmonument treft men in mozaïek een afbeelding van de zonnegod Helios aan die door sommige geleerden niet als pagane god maar als verwijzing naar Christus wordt opgevat.

De tombe waarin mogelijk Petrus begraven lag, bevindt zich aan het westelijk uiteinde van genoemde grafstraat, op een grondstuk dat een complexe archeologische geschiedenis achter de rug heeft. Petrus' graf is een weinig opvallende, in de grond uitgediepte tombe die lag op een terrein dat ruimte aan een dertigtal *formae* bood en dat in de loop van de tweede eeuw n.Chr. door mausolea werd ingesloten. Bij de bouw van deze mausolea onstond aan de westzijde van genoemd knekelveld een ondersteuningsmuur die vanwege zijn kleur in de wetenschappelijke literatuur bekend staat als "de rode muur." In deze muur waren ter hoogte van Petrus' graf drie nissen (waarvan twee bovengronds, en één ondergronds) aangebracht. Aan de zijkant van deze nissen bevond zich een Griekse graffito die uit de late tweede of vroege derde eeuw n.Chr. stamt en waarop de ontdekker onder andere de letters ΠΕΤΡ (= Petr.= Petrus) ontcijferde. De bovengrondse nissen die met zuilen en een architectonische bekroning waren voorzien (*aedicula*), worden doorgaans geïdentificeerd met het zogenaamde "tropaeum van Gaius." Deze aanduiding is gebaseerd op een passage in de Kerkgeschiedenis van Eusebius (2.25.5-7) waarin sprake is van een zekere Gaius die in de vroege tweede eeuw n.Chr. melding maakt van tropaea (= gedenktekens c.q. zegetekens) boven de graven van de apostelen Petrus en Paulus. In het graf onder genoemd tropaeum zijn fragmentarische botresten gevonden waarin een aantal geleerden de stoffelijke overblijfselen van de apostel Petrus ziet. De verstoorde archeologische context waaruit deze botten afkomstig zijn, heeft bij andere geleerden echter tot de nodige twijfel omtrent deze identificatie aanleiding gegeven.

In de loop van de derde eeuw werden verdere muren tegen dit tropaeum aangebouwd die, in het geval van het noordelijke muurstuk, met graffiti van pelgrims overdekt zijn. Opvallend bij deze graffiti is enerzijds het ontbreken van de naam Petrus, en anderzijds het veelvuldig voorkomen van christogrammen.

Bij de bouw van de voorganger van de huidige St. Pietersbasiliek in de vroege vierde eeuw onder keizer Constantijn (die over de Vaticaanse necropool werd heengebouwd en die dezelfde Oost-West oriëntatie vertoont), werd de Vaticaanse necropool gedeeltelijk verwoest en gedeeltelijk toegedekt. Het "tropaeum van Gaius" kwam daarbij onder de absis van de basiliek te liggen. Na verwijdering van de bovenste nis van het tropaeum kwam het presbyterium van de nieuwe basiliek een kleine veertig cm. boven de middelste nis van het tropaeum (dat niet langer zichtbaar was) te liggen. De exacte ligging van het tropaeum werd bovengronds door middel van een baldakijn gemarkeerd. Ook bij latere bouwactiviteiten die hier in de Middeleeuwen plaatsvonden, werd rekening gehouden met de oorspronkelijke locatie van het tropaeum. Bij de bouw van de huidige St. Pietersbasiliek kwam het baldakijn van Bernini min of meer direkt boven het graf van Petrus te liggen.

MUSEO PIO CRISTIANO

Adres: Onderdeel van de Vaticaanse Musea en via deze te bereiken. Ingang Viale Vaticano. Openingstijden: van 1 april tot 31 oktober: 8.45 tot 16.45 uur; van 1 november tot 31 maart: 8.45 tot 13.45. Gesloten op zon- en feestdagen, met uitzondering van de laatste zondag van de maand wanneer de toegang gratis is. Men dient rekening te houden met lange wachttijden om de Vaticaanse musea te kunnen betreden. De collectie van het Pio Cristiano dat zich na betreding van de Vaticaanse musea direct rechts bevindt, is op onregelmatige tijden voor het publiek opengesteld. Tel. 06-69884947.

Bereikbaarheid: bus 81 (o.a. piazza Venezia); 492 (stazione Termini). Uitstappen op Piazzale Risorgimento.

Bezoek: Men kan vrij rondlopen en de hier tentoongestelde stukken bekijken.

Beschrijving: Het Museo Pio Cristiano is het belangrijkste museum in Rome wat betreft vroegchristelijke oudheden.

Het bevat een belangrijke collectie vroegchristelijke sarcofagen alsmede een verzameling vroegchristelijke inscripties. Eén van de meest beroemde vroegchristelijke stukken, namelijk de sarcofaag van Junius Bassus (zie hoofdstuk 3) staat hier tentoongesteld. Daarnaast zijn er verschillende sarcofagen met de Jona-cyclus, met de *kriofoor*, en sarcofagen van het "typologische type" (hoofdstuk 3) te vinden. Het museum beschikt eveneens over een beeldje van "de Goede Herder." Het Pio Cristiano bevat verder een belangwekkende collectie joodse grafinscripties die overigens niet altijd te bezichtigen is (zie Appendix I). Deze inscripties stammen hoofdzakelijk uit de verwoeste joodse Monteverde-catacombe.

Vroegchristelijke gebruiksvoorwerpen zoals lampen en goudglazen zijn te vinden in het *Museo Sacro* van de *Bibliotheca Apostolica Vaticana*. Dit museum maakt eveneens deel uit van de Vaticaanse musea.

HOOFDSTUK 5

Appendix

I. De joodse catacomben

In de tijd dat de christelijke catacomben ontstonden, bevond zich in Rome één van de grootste joodse Diaspora-gemeenschappen uit de Oudheid. In die tijd had deze Romeins-joodse gemeenschap reeds een lange geschiedenis achter de rug. Al in de loop van de eerste eeuw vóór Christus treffen we sporen aan van een joodse gemeenschap en het is goed denkbaar dat de eerste aanwezigheid van joden in de hoofdstad van het Romeinse Rijk uit een nog vroegere periode dateert. Het was echter vooral in de derde en vierde eeuw n.Chr. dat deze gemeenschap tot een stedelijke bevolkingsgroep van behoorlijke omvang en importantie uitgroeide.

Voornoemde Romeins-joodse gemeenschap heeft een aanzienlijke hoeveelheid aan materiële resten nagelaten. Deze resten stammen hoofdzakelijk uit de funeraire sfeer. Ze zijn afkomstig uit een viertal joodse catacomben en een tweetal joodse hypogea die in de directe omgeving van Rome, in de nabijheid van de christelijke catacomben, ontdekt zijn (afb. 47). Hoewel het bestaan van joodse catacomben en hypogea al lang bekend is (de eerste joodse catacombe werd in 1602 in de tijd van Antonio Bosio ontdekt), zijn deze catacomben lange tijd door wetenschappers verwaarloosd. Deze verwaarlozing was een gevolg van de vooronderstellingen die bij het onderzoek naar de catacomben lang een doorslaggevende rol hebben gespeeld (zie hoofdstuk 1).

Net als de christelijke catacomben bevinden ook de joodse catacomben zich buiten de laat-antieke stad, langs de grote uitvalswegen. Langs de Via Appia Antica, tussen de Callisto- en

Afb. 47. Villa Torlonia-catacombe. Wandschildering op de achterwand van een arcosolium met brandende zevenarmige kandelaars die een geopende kast met boekrollen flankeren.

Sebastiano-catacombe, komen we de joodse Vigna Randanini-catacombe tegen. Langs de Via Nomentana bevinden zich de twee joodse catacomben onder de Villa Torlonia. Langs de Via Portuense bevond zich de joodse Monteverde-catacombe (aan het begin van de twintigste eeuw door bouwwerkzaamheden verwoest). De locatie van de tot nu toe ontdekte (en weer verdwenen) joodse hypogea is niet geheel met zekerheid meer vast te stellen, maar ook zij bevonden zich in de directe nabijheid van de grote uitvalswegen die Rome met haar wereldrijk verbonden.

Wat betreft hun ontstaansgeschiedenis en formele kenmerken bestaan er veel overeenkomsten tussen de joodse catacomben en de christelijke. Ook de joodse catacomben kwamen tot ontwikkeling onder bovengrondse necropolen waarin van oudsher begraven werd. Verder bestaan de vroegste regio's in de joodse catacomben uit een aantal kernen c.q. familiehypogea die in tweede instantie, door middel van onregelmatig lopende gangen tot catacombe werden uitgebouwd en met elkaar werden verbonden. Een duidelijk voorbeeld hiervan is te vinden in de Vigna Randanini-catacombe die uit onregelmatig verlopende gangen bestaat en waarin verscheidene hypogea (met eigen ingang) te onderkennen zijn, die op basis van de geschilderde rood-groene lijnendecoratie in de late tweede eeuw gedateerd kunnen worden. Ook wat betreft het gebruik van bestaande waterkanalen, cisternen en *arenaria* zijn er aanzienlijke overeenkomsten tussen de joodse en christelijke catacomben, zoals vooral duidelijk wordt bij bestudering van de joodse Villa Torlonia-catacombe. Tot slot treffen we in de vierde eeuw in het gangennet van de joodse catacomben dezelfde rechtlijnigheid en systematische planning aan als in de christelijke catacomben. Vooral in regio's D en E van de Villa Torlonia-catacombe vindt men goede voorbeelden van deze manier van catacombenbouw die kenmerkend is voor de periode waarin de bouw van de catacomben haar grootste bloei beleefde (zie hoofdstuk 2).

Met uitzondering van de Vigna Randanini-catacombe, waar men ook graven van een oosters type aantreft (de zogenaamde *kokhim*), verschillen de joodse catacomben qua graftypologie eveneens niet van de christelijke. Ook in het geval van de joodse catacomben en hypogea is de *loculus* het meest voorkomende graftype. Daarnaast komen *arcosolia* en *cubicula* voor. *Formae* zijn de in joodse catacomben daarentegen eerder uitzondering dan regel.

De identificatie van deze catacomben als joodse catacomben berust op grafinscripties en op de iconografie van de wandschilderingen die in deze catacomben voorkomen. Uit de grafinscripties blijkt dat in de joodse catacomben van Rome uitsluitend joden en proselieten (bekeerlingen tot het jodendom) en geen andere bevolkingsgroepen hun laatste rustplaats vonden. Deze inscripties, waarvan er zo'n 600 zijn overgeleverd en die hoofdzakelijk in het Grieks en het Latijn zijn opgesteld (Hebreeuwse en Aramese inscripties ontbreken bijna volledig), vormen een unieke bron van informatie die het ons mogelijk maakt de interactie tussen de joodse gemeenschap en de omringende niet-joodse samenleving in kaart te brengen. Taalkundig zijn de inscripties interessant vanwege het overheersen van het Grieks en het Latijn. Een linguïstische analyse van deze inscripties toont aan dat de joodse gemeenschap in taalkundig opzicht geheel geïntegreerd was in de laat-antieke maatschappij (Rome was een tweetalige stad). Ook qua nomenclatuur (naamgeving) is de invloed van de omringende maatschappij duidelijk waarneembaar. Zo komt men het *tria nomina*-systeem ook in joodse inscripties veelvuldig tegen (een typisch Romeinse manier van naamgeving bestaande uit voornaam, familienaam en bijnaam).

Inhoudelijk zijn de inscripties vooral interessant omdat uit een groot aantal ervan de centrale rol naar voren komt die de joodse gemeenschap in het dagelijks leven van de hier begravenen speelde. Veel mensen die in deze vaak kort en bondig geformuleerde joodse grafinscripties gecommemoreerd worden, lieten een verwijzing opnemen naar de rol die zij tijdens hun leven in de joodse gemeenschap speelden (bijv. hoofd van de synagoge, lid van de raad van bestuur e.d.). Daarnaast werd groot belang gehecht aan het beschrijven van iemands persoonlijkheid door adjectiva die een religieuze lading hebben (het meest voorkomend is het woord "heilig").

Er is slechts een beperkte hoeveelheid wandschilderingen en sarcofaagresten in de joodse catacomben overgeleverd. Kenmerkend voor de wandschilderingen is de specifiek joodse iconografie die hier overheerst. Zo komt men telkens die symbolen tegen die kenmerkend zijn voor de joodse kunst in de Late Oudheid: de menora (zevenarmige kandelaar), de aron (boekenkast om de Thora of wetsrollen in op te bergen), en in mindere mate ook de lulav (palmtak) en de ethrog (citroenachtige vrucht, beide symbool voor het Loofhuttenfeest). Opvallende is verder de afwezigheid van thema's die aan de joodse geschiedenis of aan het Oude Testament (de Hebreeuwse Bijbel) ontleend zijn. Inhoudelijk gezien bewegen de laat-antiek joodse en de vroegchristelijke kunst zich dus op geheel andere vlakken en in een geheel andere richting.

De sarcofaagresten die uit de joodse catacomben stammen en die zich veelal in een fragmentarische toestand bevinden, leveren het bewijs voor het feit dat ook de Romeins-joodse gemeenschap, net als hun christelijke stadsgenoten, van het technisch kunnen van de Romeinse werkplaatsen gebruik maakten (zie ook hoofdstuk 3). Het meest sprekende bewijs hiervoor is te vinden in de vorm van een uniek joodse sarcofaagfragment dat in het Thermenmuseum (Muzeo Nazionale Romano, inventarisnummer 67611) wordt bewaard (afb. 48). Dit sarcofaagfragment dat uit de vroege vierde eeuw n.Chr. stamt, behoort tot een groep sarcofagen die vanwege de erop voorkomende thematiek als seizoen-sarcofagen bekend staat. Uit archeologische vondsten blijkt dat dit soort *en masse* geproduceerde sarcofagen uitermate populair waren in het

Afb. 48. Detail van een joodse sarcofaag uit Rome met weergave van een zevenarmige kandelaar.

laat-antieke Rome. Het joodse exemplaar is als zodanig herkenbaar op basis van de menora (zevenarmige kandelaar) die in de centrale ovaal van de sarcofaag is aangebracht. Op basis van deze sarcofaag kan worden aangetoond dat ook joden, net als christenen, van bestaande werkplaatsen en van de in deze werkplaatsen aanwezige know-how gebruik maakten bij het vormgeven van voorwerpen die tijdens het productieproces evenwel aan de iconografische smaak en voorkeuren van de opdrachtgevers werden aangepast (zie ook hoofdstuk 3).

Er is lang gespeculeerd over de datering van de joodse catacomben. Sommige onderzoekers hebben gesuggereerd dat de joodse catacomben vroeger zijn dan de christelijke en dat deze catacomben daarom voor de christelijke model hebben gestaan. Uit een inventarisatie van al het tot nu toe ontdekte archeologische materiaal uit de joodse catacomben blijkt echter dat er op dit moment geen archeologisch bewijsmateriaal is om een dergelijke hypothese waarschijnlijk te maken. De archeologische vondsten die in de joodse catacomben zijn gedaan, kunnen worden gedateerd in de periode die ligt tussen de vroege derde en de vroege vijfde eeuw n.Chr. Hoewel de theologisch-ideologische invloed van de joodse op de vroegchristelijke gemeenschap ook in Rome aanzienlijk was, is er op het gebied van de materiële cultuur in Rome juist sprake van een algemeen laat-antieke matrix waarin zowel de antiek-joodse als de vroegchristelijke kunst geleidelijk tot ontwikkeling kwam.

II. De vroegchristelijke inscripties

Net als bij de joodse catacomben het geval is, vormen de inscripties die in de vroegchristelijke catacomben van Rome ontdekt zijn een uitermate belangrijke bron van informatie. Tot nu toe zijn in de vroegchristelijke catacomben in totaal ongeveer 40.000 grafinscripties ontcijferd (afb. 49). De

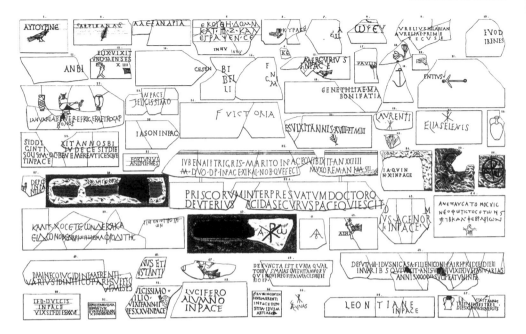

meeste van deze inscripties zijn in het Latijn opgesteld en stammen uit de periode van na het begin van de vierde eeuw n.Chr. Hoewel individuele grafinscripties doorgaans slechts een beperkte hoeveelheid aan informatie bevatten (naam van de overledene, naam van degene die de steen heeft opgericht, wensformule), is het dankzij de grote hoeveelheden waarin deze inscripties zijn teruggevonden toch mogelijk bepaalde patronen te ontwaren. De vroegchristelijke inscripties die in de derde eeuw n.Chr. kunnen worden gedateerd, zijn in de minderheid. Kenmerkend voor deze inscripties is de beperkte informatie die zij bieden (vaak alleen de naam van de overledene) en de gebezigde taal (vaak Grieks in plaats van Latijn – een gebruik dat doorgaans verklaard wordt onder verwijzing naar het feit dat de vroegchristelijke liturgie in Rome tot in de vierde eeuw in het Grieks werd gevierd). Dat deze inscripties uit de beginperiode van de vroegchristelijke epigrafie een

Afb. 49. Keur aan vroeg-christelijke inscripties uit de catacomben met christelijke symbolen zoals de duif, het anker en het Chi-Rho monogram.

overgangsperiode in het proces van vroegchristelijke zelf-definitie markeren, wordt duidelijk bij bestudering van een groep inscripties uit de catacomben die alle de formule DM dragen. Deze formule – een afkorting van de term *Dis Mani-bus* ("aan de goden van de onderwereld") – is niet van chris-telijke origine, maar stamt direkt uit de pagane wereld. Een dergelijke formule waarbij de grafsteen aan de goden van de onderwereld wordt gewijd, komt op pagane inscripties vanaf de eerste en vooral vanaf de tweede eeuw n.Chr. zeer veelvul-dig voor. Het voorkomen van deze pagane formule in een christelijke context bewijst dat de christianisering van begrafe-nisgewoontes (zie hoofdstuk 2) en van de materiële cultuur in veel gevallen een geleidelijk proces moet zijn geweest. Het voortleven van pagane formules is een verschijnsel dat men ook in een latere period nog, op in dichtvorm geschreven vroegchristelijke inscripties, met een zekere regelmaat blijft tegenkomen.

De meeste vroegchristelijke inscripties die in de vroeg-christelijke catacomben van Rome ontdekt zijn, stammen uit de vierde eeuw n.Chr. Ze bevatten informatie die voor weten-schappers met de meest uiteenlopende interesses, van belang is. Taalkundig zijn deze inscripties interessant om de geschie-denis van de Latijnse taal te kunnen reconstrueren. De inscripties leveren een tastbaar bewijs voor de veranderingen die het Latijn in de periode van de Late Oudheid onderging (ook wel aangeduid met de term vulgair Latijn). Zowel wat betreft de schrijfwijze van individuele woorden als wat betreft naamval gebruik en zinsconstructies komt men in deze inscripties een type Latijn tegen dat duidelijk verschilt van het Latijn zoals dat in de eeuwen daarvoor gebruikelijk was. Daarnaast valt het grote aantal afkortingen op dat in vroegchristelijke inscripties voorkomt en dat in deze vorm zonder parallel is in de vroegere Latijnse epigrafie. Op taalkundig vlak vertegenwoordigen en documenteren de inscripties uit de catacomben dus duidelijk een nieuwe fase in de ontwikkeling van de Latijnse taal. Overigens komen dergelijke vulgarismen ook in de Griekse vroegchristelijke inscripties veelvuldig voor.

Niet minder interessant is de inhoudelijke informatie die uit de vroegchristelijke inscripties gedestilleerd kan worden. Op het gebied van de onomastiek valt op dat er ook hier sprake is van continuïteit met het verleden, hetgeen niet verwonderlijk is gezien het feit dat de meeste bekeerlingen tot het Christendom uit de pagane wereld afkomstig waren en ook na hun bekering in contact bleven met deze pagane wereld. Zo treffen we op vroegchristelijke inscripties het *tria-nomina* (drie-naam) systeem aan met dien verstande dat men vooral de laatste fase in de ontwikkeling van dit typisch Romeinse naamgevingssysteem tegenkomt. Gedurende deze laatste fase desintegreerde dit systeem en werd aanvankelijk verdrongen door een systeem met *duo nomina* (twee namen) om tenslotte plaats te maken voor een systeem met enkele namen. Op vierde eeuwse vroegchristelijke inscripties in het Latijn valt 80% van alle namen in dit "gedesintegreerde" naamgevingsysteem. Namen van bijbelse origine komen op de vroegchristelijke inscripties uit de catacomben van Rome slechts bij hoge uitzondering voor. Daarbij overheersen verwijzingen naar nieuwtestamentische persoonlijkheden zoals Paulus, Petrus, Johannes en, in mindere mate, Andreas en Maria.

Typisch christelijke geloofsovertuigingen of dogma's treft men op de inscripties eveneens aan, maar veelal betreft het daarbij summiere verwijzingen. In tegenstelling tot de joodse grafinscripties (zie boven) wordt in christelijke inscripties doorgaans veel minder de nadruk gelegd op de rol die de overledene binnen de gemeente speelde. Wel komt men met een zekere regelmaat verwijzingen naar beroepen tegen, hetgeen ons in staat stelt kennis te vergaren over het functioneren van de laat-antieke economie als over de sociaal-maatschappelijke positie die door christenen werd ingenomen. Specifiek christelijk gedachtengoed komt men doorgaans tegen in bondig geformuleerde vorm. In deze categorie vallen de inscripties die de dood niet zozeer als einde van de menselijke existentie, maar als begin van het eeuwige leven opvatten. Namen zoals *Anastasius-Anastasia* en *Redemptus-Redempta* die verwijzen naar wederopstanding en verlossing tonen eveneens aan dat typisch christelijke ideeën ook in onomastische vorm in deze inscripties te ontwaren zijn. Overigens is het ten gevolge van de vaak eigenzinnige wijze waarop in deze inscripties wordt geformuleerd, vaak moeilijk een coherent beeld te schetsen van vroegchristelijke voorstellingen op het gebied van het leven na de dood en de wederopstanding. Wel duidelijk is dat vroegchristelijke inscripties veel eerder een verband tussen het nu en de eeuwigheid leggen – dit in tegenstelling tot heidense inscripties waarop juist hoofdzakelijk wordt ingegaan op aspecten van het leven vóór de dood.

Een ander inhoudelijk aspect dat onderzoekers van grafinscripties lang heeft beziggehouden, zijn de verwijzingen naar leeftijd waarop iemand volgens zijn of haar grafinscriptie stierf. Aangezien dergelijke verwijzingen veel voorkomen, heeft men getracht om op basis van dergelijke gegevens de gemiddelde leeftijd van mannen en vrouwen, alsmede de frequentie van kindersterfte in de Late Oudheid te reconstrueren. Bij een vergelijk tussen de informatie die uit deze inscripties kan worden afgeleid en de levensverwachtingstabellen die door de Verenigde Naties zijn opgesteld en die gebaseerd zijn op statistisch en demografische betrouwbare gegevens, blijkt echter dat antieke inscripties in het algemeen een onbetrouwbare bron van informatie zijn om de gemiddelde levensverwachting van mensen uit de Oudheid te reconstrueren. Uit een nader onderzoek van de inscripties blijkt verder dat er een relatie bestaat tussen de taal waarin een inscriptie werd geschreven en de leeftijd die erop werd vermeld: op Griekse inscripties wordt iemand's leeftijd vooral vermeld wanneer diegene een hoge leeftijd bereikte, op Latijnse inscripties wordt vooral de leeftijd vermeld in de gevallen dat iemand jong stierf. De verwijzing naar iemand's leeftijd zoals we die op inscripties tegenkomen is dus aan factoren onderhevig die niets met de demografische samenstelling van de bevolking, maar alles met herdenkingsgewoontes te maken hebben.

Een aparte categorie grafschriften wordt gevormd door de rond 80 grafdichten die aan paus Damasus (366-384 n.Chr.) worden toegeschreven en die in hoofdstuk 2 al uitgebreid aan de orde kwamen. Tot slot interessant zijn de ingekraste en geschilderde inscripties (*graffiti* en *dipinti*). In het rood geschilderde inscripties komt men vaak tegen op de graven in de catacomben (afb. 50). Dergelijke inscripties vormden een alternatief voor in marmer uitgehakte inscripties die veel duurder waren. Ingekrast inscripties komt men in twee

Afb. 50. Detail van een geschilderde Griekse grafinscriptie (met uitgelopen verfdruppels).

vormen tegen. Enerzijds gaat het om inscripties die in de nog natte stucco werden aangebracht en die meestal betrekking hebben op degene die begraven ligt in het graf dat met stucco verzegeld wordt. Daarnaast komen ingekrast inscripties voor die pas op een later tijdstip werden aangebracht. De graffiti die door pelgrims werden achtergelaten, bijvoorbeeld op de *Triclia* in de Sebastiano-catacombe, vallen in deze categorie. Dergelijke graffiti zijn vooral interessant omdat men bij deze graffiti op zeer directe wijze met de geloofs- en belevingswereld van de christenen in de Late Oudheid en vroege Middeleeuwen wordt geconfronteerd.

Verklarende woordenlijst

absis: halfronde koepel of afsluiting, meestal in een kerk

apologeten: vroegchristelijke auteurs die het christendom door middel van verdedigende geschriften tegen beschuldigingen van niet-christenen probeerden te verdedigen

arcosolium: booggraf bestaande uit een rechthoekige tombe die in de wand is uitgehakt met daarboven een boog (tongewelf), zie afb. 24

arenarium: zandgroeve, in tweede instantie vaak gebruikt voor begrafenissen, zie afb. 18

bucolisch: betrekking hebbend op het land- en herdersleven (ook: idyllisch), zie afb. 30 en 33

catacombe: onderaardse begraafplaats bestaande uit een net van gangen en grafkamers

christogram: ook: Christusmonogram; vervlechting van de Griekse beginletters van Christus' naam, namelijk X en P, zie afb. 49

crypte: onderaardse grafruimte

cubiculum: grafkamer

crematie: lijkverbranding

dipinto: geschilderde inscriptie, zie afb. 50

epigrafie: wetenschap die zich bezighoudt met de bestudering van inscripties

eroot: kleine vaak mollige kinderen die een verwijzing vormen naar Eros, de god van de Liefde, zie afb. 28

festoen: bloemenkrans

forma: bodemgraf

fossor: persoon die de ondergrondse gangen en graven in de catacomben uithakte, zie afb. 23

funerair: alles wat met het graf en begrafeniswezen samenhangt

goudglas: bodem van een glazen schaal bestaande uit twee lagen glas met een voorstelling in bladgoud ertussen, gebruikt om in de catacomben als herkenningsteken aan de buitenzijde van de graven aan te brengen

graffito: ingekraste inscriptie

hagiografie: levensbeschrijving van heiligen

hypogeum: onderaardse familiegraf

ichtus: Grieks voor vis, afkorting van de frase "Jezus Christus, Zoon van God, Redder," zie afb. 29

inhumatie: lijkbegraving

ketos: zeemonster, in de vroegchristelijke kunst voorkomend als de vis die Jona uitspuwt, zie afb. 32 en 33

kriofoor: ramsdrager, in christelijke context: de goede herder, zie afb. 30 en 31

Late Oudheid: periode van de vroege derde tot de zesde eeuw n.Chr.

liberti: vrijgelaten slaven

loculus: langwerpig wandgraf; meest voorkomende grafvorm in de catacomben, zie afb. 24

lucernarium: licht- en luchtschacht, zie afb. 15

lunette: achterwand van arcosoliumgraf, vaak gedecoreerd met wandschilderingen

mausoleum: bovengronds grafgebouw

martelaar: bloedgetuige

mozaïek: inlegwerk, meestal bestaand uit kleine steentjes, zie afb. 37

necropool: dodenstad, begraafplaats

nimbus: stralenkrans

ossuarium: knekelhuis- of opslagplaats

pagaan: heidens

pozzolaanaarde: vulkanisch gesteente gebruikt om cement te maken

refrigerium: maal ter nagedachtenis van de doden, zie afb. 41

retro sanctos: gedeelte achter of in de nabijheid van een martelarengraf

sarcofaag: stenen grafkist; de sarcofagen worden in groepen onderverdeeld op basis van hun verschijningsvorm; in de Late Oudheid komen veelvuldig voor de *friessarcofaag* waarbij de decoratie in een of twee stroken wordt aangebracht en de *zuilensarcofaag* waarbij de individuele scènes in door zuilen afgegrensde ruimtes staan afgebeeld, zie afb. 28, 33 en 38

tuf: vulkanisch gesteente waarin de catacomben zijn uitgehakt, afb. 14

typologie: opvatting waarbij gebeurtenissen in het Oude Testament als voorafspiegeling worden gezien van gebeurtenissen in het Nieuwe Testament

verus Israel: het ware Israël, term om aan te geven dat de christelijke gemeenschap de enige erfgenaam was van de beloftes die in het Oude Testament aan de joden worden gedaan

Beknopte literatuurverwijzingen

Over de catacomben

Ferrua, A., *The Unknown Catacomb. A Unique Discovery of Early Christian Art* (New Lanark: Geddes & Grosset, 1991)

Fink, J. en B. Asamer, *Die römischen Katakomben* (Mainz: Verlag Philipp von Zabern, 1997)

Fiocchi Nicolai, V. *et al.*, *Le catacombe cristiane di Roma. Origini, sviluppo, apparati decorativi, documentazione epigrafica* (Regensburg: Schnell & Steiner, 1998) (van dit boek bestaat ook een duitse, franse en engelse vertaling)

Guyon, J., *Le cimitière aux deux lauriers. Recherches sur les catacombes romaines* (Rome: Pontificio Istituto di Archeologia Cristiana en École Française de Rome, 1987)

Nestori, A. *Repertorio topografico delle pitture delle catacombe romane* (Vaticaanstad: Pontificio Istituto di Archeologia Cristiana, 1993)

Pergola, P. en P.M. Barbini, *Le catacombe romane. Storia e topografia* (Rome: Brettschneider, 1997)

Rutgers, L.V., *The Jews in Late Ancient Rome. Evidence of Cultural Interaction in the Roman Diaspora* (Leiden: Brill, 1995)

id., *The Hidden Heritage of Diaspora Judaism. Essays on Jewish Cultural Identity in the Roman World* (Leuven: Peeters, 1998)

De Santis, L. en G. Biamonte, *Le catacombe di Roma* (Rome: Newton & Compton, 1997)

Testini, P., *Archeologia Cristiana. Nozioni generali dalle origini alla fine del sec. VI* (Bari: Edipuglia, 1981)

Over de geschiedenis van de vroegchristelijke kunst

Belting, H., *Bild und Kult. Eine Geschichte des Bildes vor dem Zeitalter der Kunst* (München: Beck, 1990)

Deichmann, W.F., *Einführung in die christliche Archäologie* (Darmstadt: Wissenschaftliche Buchgesellschaft, 1983) (een italiaanse vertaling van dit werk verscheen in 1993)

Donati, A., *Dalla terra alle genti. La diffusione del cristianesimo nei primi secoli* (Milaan: Electa, 1996) (tentoonstellingscatalogus)

Elsner, J., *Art and the Roman Viewer. The Transformation of Art from the Pagan World to Christianity* (Cambridge: Cambrige University Press, 1995)

Engemann, J., *Deutung und Bedeutung frühchristlicher Bildwerke* (Darmstadt: Primus-Verlag, 1997)

Finney, P. C., *The Invisible God. The Earliest Christians on Art* (Oxford: Oxford University Press, 1994)

Koch, G., *Frühchristliche Kunst. Eine Einführung* (Stuttgart: Verlag W. Kohlhammer, 1995)

INDEX

aardewerk 47
Achilleus en Nereus 69-70, 119, 122
Acilii-familie 124
ad catacumbas 40, 115
Adam en Eva 101
afgoderij 92
Agnes (persoon) 127, 128
Agnese-catacombe 127, 129
anker 82, 116
apologeten 91, 92
Aramees (in inscripties) 137
arcosolia 65
Area I (Callisto-catacombe) 59, 113
arenaria 58, 123, 125, 137
aron 138
Balaam (Priscilla-catacombe) 126
Baronio, Cesare 11, 18
basilica apostolorum 70, 117
Basnage, Jacques 21-25
Bassus-sarcofaag 100-101, 134
beeldenstorm 10
beeldverering 11, 92
begrafenis 9, 50-56
bloedampullen 24
boekilluminatie 105
Boni, Giaccomo 35
Bosio, Antonio 12-21, 26, 32
bucolisch 84
Calepodio-catacombe 59
Callisto-catacombe 28, 59, 83, 90, 111-114
Calixtus (persoon) 59, 111, 113
Capella Greca (Priscilla) 124-125
catacomben
    christelijk *passim* (1)
    datering 23, 30, 43-48

gangsystemen 56
graftypen 39
einde van begrafenissen 66-67
joods 16, 135-140
locatie 15, 135
ontdekking 11-38
ontstaan 23, 39,49-61
plattegrond 56, 59, 63-65, 109
uitbouw 61-65
christogram 103, 132
christenvervolging 21, 67, 117, 127
christologie 102, 104, 122
chronologie 23, 37, 43
Clemens (kerkvader) 80
Clodius Hermes 52-54, 116
Comodilla-catacombe 62
Constantijn 17, 102, 131
Contrareformatie 10-12, 21, 25, 31
Cornelius (paus) 114
crematie 51, 131
crypte der pausen 28-29, 68
cryptoporticus (Priscilla) 124
cubiculum van Amor en Psyche
    (Domitilla) 120
Damasus 28, 70, 113
Daniël 56, 89, 101, 114, 120, 125
datering 23, 30, 43-48
de Rossi, Giovanni Battista 26-32
Decius 67
demografie 66, 144-145
Deucalion 85, 87
Diocletianus 67, 115, 122
dodenmaal 112, 117, 120, 125
Domitilla-catacombe 13, 47, 54, 62, 69, 70, 119-122
Domitilla-familie 119

drie jongelingen in vuuroven 90, 96, 125, 126
duif 80
Edict van Milaan 61, 97
Endymion 85
eroten 79, 83
ethrog 138
eucharistie 71, 114 ,125
Eusebius (paus) 72, 114
Exodus 72
Flavii-familie 151
Flavii-regio (Domitilla) 54
fossores 62-63, 122
fotogrammetrie 37
fractio panis (Priscilla) 125
Furius Dionysius Filocalus 72
gelijkenis van het verloren schaap 84
Goede Herder 82, 84, 114, 126, 134
Grieks (in inscripties) 141
Hebreeuws (in inscripties) 137
heiligenverering 67-68
Helena 17
Helios 131
hypogeum 40, 52, 54, 56, 57
ichtus 81-82, 116
idyllisch 84, 101
inhumatie 52, 56, 58
inscripties 33, 46, 47, 65, 140-146
    christelijk 33, 81
    dipinto 145
    Dis Manibus 81, 142
    epigram 72, 145
    graffito 73, 117, 132, 145
    joods 134, 137-138
    taal 138, 14, 142
    onomastiek 138, 143

internet 110
itineraria 16, 26, 27, 66
Isaäk (offer van) 89, 90, 97, 100,
101, 113, 125, 126
Jezus
doop in de Jordaan 89, 90,
113, 114
jong 90, 101, 102
lijden van 91, 97, 99
Maiestas Domini 98, 104
Job 100, 101
joden 22, 135
Jona 85-87, 88, 90, 113, 114,
118,126,131,134
joodse kunst 105, 137-140
Julii-familie 131
kerken
zie onder individuele naam
kerkregio's 62
ketos 87
Knecht des Heren 97
kokhim 137
kriofoor 82-83, 84, 98, 134
kruis 102, 103
kruisdood 102
kunst
christelijk *passim* (1)
joods 105
nieuwtestamentisch 88-89,
95-97, 99, 100
ontstaan 76-84, 88, 93-94
oudtestamentisch 88-89, 95-97,
100, 105
kunstproductie 88,93-94, 140
Latijn (in inscripties) 141, 142
Lazarus (opwekking) 87, 89, 90
106, 113, 114, 125
levensverwachting 144-145

Liberius (paus) 114
loculi 39, 65
Lot 118
lucernarium 73
Lucina-crypte (Callisto) 34, 114
lulav 138
Madonna 125, 126
Marcellino en Pietro-catacombe
17, 18
martelaren 18, 23, 27, 36, 66,
67-75
martelaren-ideologie 18, 67-68
Martialis (bischop) 50
Martyrologium Romanum 18
menora 138, 140
Merida 50
Milvische brug 102
Monteverde-catacombe 16, 134, 136
Mozes (bronwonder) 87, 90,
113, 125
Museo Pio Cristiano 83, 86, 99
mythologie 85
naastenliefde 61
narratieve cycli 89
Nieuwe Testament 77, 91, 99, 100
nimbus 103, 114
Ninevé 85
Noach 56, 87, 90, 113, 121, 125
Orpheus 85
ossuarium 69
Oude Testament 91, 96-97, 100, 139
papa 114
passie-sarcofagen 102
Paulus 23, 30, 101, 116, 132
Paulus I (paus) 74
pelgrims 9, 27, 66, 73, 132
pelgrimsflesjes 74
personificatie seizoenen 83, 139

Petronilla 71, 122
Petrus 30, 101, 116
graf van 36, 131-132
Piazzuola (Sebastiano) 116-117
Pilatus 101, 103
Pius IX 29
pozzolaan 41, 58
Pretestato-catacombe 91
Priscilla (persoon) 124
Priscilla-catacombe 58, 90,
123-126
Prosenes-sarcofaag 79
ramsdrager 82-83, 84, 98, 126, 131
refrigeria 112, 117, 120, 125
retro sanctos 69, 122
rode muur 132
Roma sotterranea 19, 20-21, 25
rood-groene lijnenstijl 93-95
S. Caecilia (Callisto) 113
S. Maria Antiqua 35
S. Pudenziana 103
S. Sabina 62
Sebastiaan 115, 118
S. Sebastiano 39-40, 52, 66, 73
115-118
Sacraments-kapellen (Callisto)
90, 113
sacre grotte vaticane 130
Samaritaanse vrouw 90, 113
sarcofagen
joods 138
oorsprong 52
productieproces 93
types 83, 99-102, 134
Sebastiano-catacombe 39, 58
Simon van Cyrene 103
Sixtus II (paus) 112
St. Pieter 36, 131, 132

stratigrafie 44
Suzanna 90, 125
synagoge 138
Triclia 117, 146
tropaeum van Gaius 132
tuf 40-42
typologie 100
Vaticaanse necropool 52, 129-133
velatio-cubiculum (Priscilla) 126
Veneranda 71, 122
verlamde, genezing van 90, 113
verus Israel 90, 113

Via Appia 15, 40
Via Latina-catacombe 51, 104-105
Vibia-catacombe 56
Vigna Randanini-catacombe
94, 136, 137
Vigna Sanchez-catacombe 11
Villa Piccola (Sebastiano) 116
Villa Torlonia-catacombe
58, 136, 137
vis 80, 81, 116
visgraatmotief 65
wandschilderingen 37, 47, 93-94

christelijk 54, 83-91
joods 136
pagaan 54
waterkanalen 58, 123, 137
wederopstanding (op inscripties)
144
wonderbare spijziging 114
wijzen uit het Oosten 90, 125
Wilpert, Joseph 34-35
zegelringen 80, 90
Zepherynus (paus) 59
zondvloed 87